AF750099

LES POLITIQUES PUBLIQUES DE L'EAU EN EUROPE

Entre fragmentation et intégration

Entretiens Universitaires Réguliers pour l'Administration en Europe

Collection fondée par Hélène PAULIAT
et dirigée par Hélène PAULIAT et Michel SENIMON

La collection a pour objet de publier les actes du colloque annuel que l'Association EUROPA (ONG dotée du statut participatif auprès du Conseil de l'Europe) organise chaque année à Limoges. Les thèmes traités sont relatifs à l'administration publique, le service public, la fonction publique et les politiques publiques en Europe. Les rencontres annuelles ont la particularité de faire intervenir des universitaires, des praticiens, des fonctionnaires territoriaux ou de l'Etat, des économistes, des sociologues des différents pays membres du réseau de l'Association EUROPA ; elles permettent ainsi une analyse des politiques conduites chez nos partenaires européens et un croisement des approches sur les bonnes pratiques mais aussi sur les difficultés de la gestion de l'action publique en Europe.

Déjà parus :

Hélène PAULIAT, Michel SENIMON et Christophe BONNOTTE (dir.), *Les politiques agricoles et le développement rural en Europe. Pour une agriculture au service de l'attractivité des territoires ?, 2021.*

Hélène PAULIAT, Michel SENIMON et Christophe BONNOTTE (dir.), *Défis et enjeux de la Silver économie en Europe. Quelles politiques publiques pour quels objectifs ?*, 2021.

Hélène PAULIAT, Michel SENIMON et Christophe BONNOTTE (dir.), *Quelle politique de l'énergie en Europe ? Pour quel modèle de société ?*, 2021.

Textes réunis par
Hélène PAULIAT, Michel SENIMON
et Christophe BONNOTTE

LES POLITIQUES PUBLIQUES DE L'EAU EN EUROPE

Entre fragmentation et intégration

L'Harmattan

EUROPA est une OING dotée du statut participatif auprès du Conseil de l'Europe, qui dispose d'un réseau d'experts européens provenant de dix-neuf pays de l'Union européenne (Allemagne, Belgique, Bulgarie, Danemark, Espagne, France, Grèce, Hongrie, Irlande, Italie, Lituanie, Luxembourg, Pays-Bas, Pologne, Portugal, Roumanie, Slovaquie, Slovénie, Suède). Cette large représentativité européenne constitue l'atout majeur du « réseau EUROPA » et permet à l'organisation de répondre de manière réactive à toutes commandes, appels d'offres ou missions d'expertise internationales entrant dans les domaines de compétences : - Analyse et comparaison des politiques publiques en Europe - Organisation territoriale des Etats en Europe — Participation des citoyens à la décision publique en Europe - Reconnaissance et refondation des services publics en Europe –Rôle des services publics en matière de cohésion sociale et territoriale – Modernisation des administrations publiques et management public en Europe - Régimes juridiques et mobilité des agents publics en Europe – Protection sociale des citoyens et des agents publics en Europe. Par ailleurs, EUROPA réalise des actions de formation et d'animation de journées d'études, conduit des programmes de recherche et développe un site Internet qui constitue un véritable centre de ressources : www.europaong.org. Elle organise enfin chaque année à Limoges des colloques sur ces problématiques dans le cadre des Entretiens Universitaires Réguliers pour l'Administration en Europe, ainsi que des séminaires européens dans les pays membres de son réseau.

© L'Harmattan, 2023
5-7, rue de l'École-Polytechnique, 75005 Paris

http://www.editions-harmattan.fr

ISBN : 978-2-14-028393-2
EAN : 9782140283932

Présentation

Mots d'ouverture

Michel SENIMON
Délégué général d'EUROPA

Mesdames et messieurs, bienvenue à cette vingt-quatrième édition du colloque Europa 2020 consacré, cette année, aux politiques de l'eau en Europe. Une édition spéciale et inédite en cette période de crise sanitaire puisqu'il nous a fallu passer, sans transition, d'un colloque en présentiel organisé, depuis son origine, dans la salle d'assemblée du site de Limoges de la région Nouvelle-Aquitaine à un Webinaire conçu comme une véritable émission de télévision interactive. Une nouvelle aventure que nous avons conçue et que nous vous proposons de partager et de vivre ensemble aujourd'hui.
En effet, l'eau est devenue un enjeu stratégique et il ne nous était pas possible de renoncer à ce sujet d'importance, dont nous nous étions emparés depuis plusieurs mois grâce à un travail collaboratif et constructif avec un de nos principaux partenaires, l'Office International de l'Eau, qui nous accueille ce matin dans ses locaux et qui nous met à disposition ce fabuleux hall technique à partir duquel nous émettons ce matin. Et, d'autre part, la société Aquassay qui nous a accompagnés dans le choix thématique que nous allons aborder tout au long de cette journée. Bonjour Eric Tardieu, et bonjour Jean-Emmanuel Gilbert, merci à tous les deux d'avoir accepté d'être nos invités permanents en qualité de grands témoins ; vous allez nous être utiles tout au long de cette journée pour rythmer les débats et essayer de répondre aux interrogations, que nous espérons nombreuses, de la part du public qui est en train de se connecter. Merci également à mon fidèle compagnon Christophe Bonnotte, secrétaire général de notre ONG, de m'accompagner et de prêter main forte dans l'animation de ce colloque. Merci aussi à tous les membres de l'équipe technique de la société de production *Entre vous et nous*

qui nous entourent, et qui nous permettent de réaliser ce direct dans des conditions optimales ; sans eux, rien n'aurait été vraiment possible.

Merci enfin à notre community manager, Sélim Ennjimi, qui animera le fil de discussion public qui est destiné à vous permettre de poser des questions et d'interagir, tout au long de la journée, avec nos intervenants et entre vous.

Mesdames et messieurs, si nous avons choisi ce thème de l'eau, vous le savez, c'est parce que c'est un enjeu stratégique et primordial. Depuis trente ans maintenant, les études, les rapports qui portent sur la question de l'eau, sur sa disponibilité, sa qualité, parviennent tous à la même conclusion : cette ressource aquifère devient l'une des ressources les plus rares pour l'humanité et les sociétés humaines. Les périodes de sécheresse provoquent chaque année des coupures d'alimentation en eau potable dans des territoires que l'on croyait à l'abri, et le Limousin n'y fait pas exception. Les ressources en eau potable diminuent sans parvenir à se reconstituer, leur qualité se dégrade sous l'impact des différentes formes de pollution et du réchauffement climatique et, parallèlement, les besoins, les usages, eux, ne cessent de croître sous l'effet de l'urbanisation, de l'élévation de notre niveau de vie, et de nos modes de consommation qui, il faut bien le dire, sont, de plus, source d'une déprédation des ressources naturelles.

Au niveau mondial même, on voit bien que les conflits pour la maitrise de l'eau deviennent un motif de préoccupation majeur pour la paix et la stabilité dans le monde. Je le disais il y a un instant : cet enjeu est stratégique, il fallait donc que, en spécialistes de l'action publique en Europe, nous nous saisissions de ce dossier sensible et délicat.

Les menaces qui pèsent sur l'alimentation en eau sont nombreuses : menaces sur la santé humaine, baisse de rendement de l'agriculture mettant en péril les politiques alimentaires, atteinte à la biodiversité par la dégradation des écosystèmes et, malheureusement aussi, disparition d'espèces animales et végétales, aggravation des conséquences du changement climatique entraînant des déplacements de populations, menaces sur la production énergétique et, même, mise à l'arrêt et risque de frein à l'industrie. Je le disais, ces menaces sont nombreuses ;

elles sont aussi complexes parce que, pour y répondre, elles mobilisent des politiques publiques de niveaux de décision et d'intervention différents. Pour résoudre ces problèmes de maintien de la qualité des ressources hydriques, il nous faudrait une approche globale, intégrée, multilatérale. Or, nos politiques publiques et les acteurs nationaux et locaux qui les animent sont, depuis trop longtemps, sectorisés, cloisonnés, ce qui semble interdire pour l'instant toute réponse efficace et adaptée.

C'est pourquoi le colloque Europa d'aujourd'hui s'efforcera d'explorer les pistes de réponses à ces enjeux liés à l'eau, tout d'abord dans une première séance thématique en s'attachant à examiner les réponses institutionnelles qui sont relatives à la gouvernance de l'eau en Europe. Le modèle de gestion de l'eau en France, original, qui est un modèle d'organisation en « bassin versant », qui ne recoupe pas les circonscriptions administratives traditionnelles, est un modèle qui doit être confronté aux autres modèles européens existants. Il faudra qu'on essaye à cette aune-là d'en mesurer la valeur, l'efficacité, et il sera intéressant aussi de voir avec nos collègues européens les relations entre Etats riverains pour une gestion partagée et raisonnée des ressources hydriques. Le colloque sera aussi un temps fort qui sera donné à nos partenaires locaux, et surtout aux collectivités locales de Nouvelle-Aquitaine puisque l'action des pouvoirs publics est forte en ce moment : tous, la région, le département, mais aussi la communauté urbaine Limoges-Métropole, imaginent des projets de territoires pour répondre aux enjeux de l'eau ; nous aurons donc l'occasion d'évoquer, pour la région, la feuille de route *Néo terra*, d'évoquer le très ambitieux projet *Limoges-Métropole : territoire en transition hydrique* et le projet, très important, développé par le conseil départemental de la Haute-Vienne qui vise à faire un état des lieux des ressources en eau à l'échelle d'un territoire avec un ciblage assez fin des actions à conduire. Donc la Nouvelle-Aquitaine est une région pionnière dans la question hydrique ; il était donc important que nous ayons ce *focus*.

Nous basculerons ensuite dans une seconde séance thématique sur laquelle nous nous attacherons plutôt à démontrer les aspects juridiques ; les réponses à la menace sur l'eau sont aussi juridiques en ce sens que, si la règlementation doit encourager à des pratiques vertueuses, protectrices des ressources hydriques, faire évoluer les usages et les comportements, orienter l'économie vers une utilisation raisonnée des ressources en eau, cette réglementation ne doit pas être un frein aux activités économiques et agricoles, ou être un facteur de tension entre les territoires, les villes et les ruralités. Nous essaierons, dans une séance conclusive, de dessiner un avenir de ce qui pourrait être une politique de l'eau systémique intégrée aux autres politiques publiques, et c'est ce qui est cher à Europa : une approche globale de cette question, qui transcende les différents champs de l'action publique. Et pourquoi pas imaginer demain de nouveaux modes de gouvernance sur un sujet qui n'est ni local ni national mais planétaire ?

Si cette 24ème édition du colloque Europa innove sur le plan technologique, elle demeure fidèle à plusieurs de ses paradigmes. En effet, ce 24ème colloque est toujours placé sous le patronage du Conseil de l'Europe, et nous sommes fiers d'avoir ce label de Madame la secrétaire générale de cette organisation internationale, car nous savons que le conseil promeut actuellement la convention européenne du paysage, qui inclut les ressources naturelles et notamment la ressource en eau. Nous bénéficions, comme depuis plusieurs années, du soutien d'un club de 12 partenaires publics et privés qui nous accompagnent dans notre initiative ; alors un grand merci à la région Nouvelle-Aquitaine, à la communauté urbaine Limoges-métropole, au département de la Haute-Vienne, à la ville de Limoges, à la fondation partenariale de notre Université, à l'agence de l'eau Adour Garonne, au CNFPT, à la Banque des territoires, à EDF hydro, à la société Aquassey et au groupe Arkema ; je tiens tout particulièrement à les saluer et à les remercier de leur engagement à nos côtés.

Cette édition s'appuie, et je ne pourrais les oublier, sur tous les experts européens du réseau Europa, nos amis belges, bulgares, grecs, hongrois, lituaniens, luxembourgeois et polonais qui, à défaut d'être présents avec nous à Limoges et en dépit de ne pas avoir pu nous rejoindre en raison de la crise sanitaire, sont toutefois présents devant leur écran dans leur pays d'origine !

Le colloque Europa 2020 va bientôt officiellement être ouvert par les allocutions de plusieurs personnalités scientifiques que nous allons avoir le plaisir d'accueillir sur le plateau de cette émission : sans plus attendre, j'ai le plaisir d'accueillir Eric Tardieu.

Eric TARDIEU
Directeur de l'Office international de l'eau
Secrétaire général du Réseau international des organismes de bassin (RIOB)

Je voudrais vous souhaiter la bienvenue dans les locaux de l'Office International de l'Eau qui fournissent un décor intéressant et illustratif à ce colloque, comme vous avez eu la gentillesse de le souligner. Nous sommes particulièrement fiers, moi-même et toutes les équipes de l'OIEAU, d'accueillir ce studio d'enregistrement dans un lieu qui est classiquement un lieu de travail, puisque nous accueillons tout au long de l'année des stagiaires qui viennent se former dans le domaine de l'eau, particulièrement de l'eau potable et de l'assainissement, et ce hall technique illustre particulièrement bien l'un des métiers importants de l'Office International de l'Eau, dont la mission générale est de développer les compétences pour mieux gérer l'eau en France, en Europe et à l'échelle internationale.
Nous le faisons à travers ce métier de la formation ; c'est un lieu de formation qui vous accueille aujourd'hui, en formant environ 6000 personnes chaque année ; l'eau, c'est aussi une communauté humaine, une communauté de travail, une communauté de professionnels qui doivent répondre à des exigences et à des défis de plus en plus exigeants, qui nécessitent une formation permanente.
L'Office International de l'Eau, c'est aussi des missions d'appui auprès de collectivités, d'industriels, d'Etats, d'organismes de bassins nationaux ou transfrontaliers, à l'échelle européenne et internationale. C'est aussi des missions de gestion des données sur l'eau puisqu'il y a des enjeux juridiques extrêmement importants, à côté des enjeux plus techniques dont nous avons l'habitude ici, mais aussi d'autres que l'OIEAU autour de cette table : la question des données sur l'eau, de leur partage, du dialogue possible entre ces données sur l'eau, c'est un sujet extrêmement important dont nous nous préoccupons. Il y a

énormément d'acteurs dans ce secteur de l'eau, et c'est une de nos missions, à l'Office International de l'Eau, que d'animer un certain nombre de communautés d'acteurs, de les outiller, de documenter les débats et de faire en sorte que cette gestion des ressources en eau soit la mieux régulée possible à toutes les échelles.

C'est pourquoi le colloque fait vraiment sens pour nous puisque l'Europe, c'est notre quotidien ; vous voyez derrière moi des installations très techniques, du matériel mais dont la nature, le choix de matériaux, les conditions d'utilisations sont très marquées par un certain nombre de réglementations ou de politiques européennes. Derrière moi, le dernier-cri du matériel de détection de fuites pour améliorer les rendements des réseaux d'eau potable est très directement une exigence qui peut se relier aux politiques d'amélioration de la gestion des ressources en eau ; on peut voir du matériel de comptage d'eau potable, c'est également un quotidien européen qui était le nôtre puisque nous avons animé un projet sur les conditions du comptage d'eau avec plusieurs partenaires européens.

Nous sommes vraiment heureux de vous accueillir aujourd'hui sur un thème et une échelle géographique qui font tout à fait sens pour nous et je ne peux que souhaiter de fructueux travaux à ce colloque aujourd'hui, merci à vous d'avoir fait le choix de notre site et merci à toutes les personnalités politiques qui vont désormais lancer ce colloque, et qui nous soutiennent au quotidien.

Michel SENIMON

Nous allons tout de suite donner la parole au président de la communauté Limoges-Métropole : j'ai le plaisir d'accueillir M. Guillaume Guérin pour ouvrir officiellement ce colloque ; Monsieur le président, merci d'avoir accepté de venir jusqu'à nous dans ce hall emblématique de la gestion de l'eau dans notre région.

Guillaume GUERIN
Président de la Communauté urbaine Limoges Métropole

Merci à vous, c'est un plaisir pour nous d'accueillir ce colloque sur l'aire urbaine de Limoges-Métropole. Je tiens à remercier les organisateurs. C'est tout à fait naturel pour nous de participer à ce colloque mais aussi de l'avoir beaucoup plus financé que les autres années puisque nous avons multiplié par 4 notre contribution ; cette augmentation est liée à la thématique traitée : *Les politiques publiques de l'eau* et, l'idée est de placer l'eau au cœur du projet de territoire de Limoges-Métropole. Pour moi, il y a aujourd'hui, autour de cette thématique de l'eau sur l'aire urbaine, deux volets.
Le premier volet, c'est l'eau comme acteur majeur du projet de territoire de Limoges-Métropole. Limoges-Métropole est en train de développer un programme que vous avez cité tout à l'heure (*Limoges-Métropole : territoire de transition hydrique*) où le rôle de l'université va être majeur en la matière. L'idée est à la fois de gérer la quantité d'eau (nous savons que nous avons la ressource nécessaire, encore faut-il savoir la gérer), de rendre les entreprises et les grandes institutions publiques plus performantes dans l'économie qu'elles font de l'eau, mais également de rendre ces territoires plus résilients sur l'intégralité du cycle de l'eau.
L'eau est également un marqueur de ce projet de territoire ; nous avons ici le siège de l'Office International de l'Eau, avec l'OIEAU, en animation de cette communauté d'acteurs qui gravitent autour de la thématique de l'eau. Aujourd'hui, l'eau est une ressource qui se fait rare, il y a des tensions géopolitiques dans une très grande partie du globe autour de cette ressource ; nous, nous avons la chance d'avoir une eau jusqu'à présent en quantité suffisante : nous pouvons fournir à notre population, là où d'autres ne peuvent plus le faire (y compris dans ce pays), une eau tout au long de l'année, une des eaux les moins chères de France puisque nous la traitons en régie. Nous traitons une eau de qualité et aujourd'hui nous n'avons pas de problème de gestion de la ressource. Mais l'idée du projet de territoire est de rendre la thématique totalement transverse, et pas seulement la voir comme une seule ressource économique.

C'est l'aspect 2 du volet de territoire : avoir une transversalité autour de la thématique de l'eau, c'est-à-dire rendre ce territoire totalement résilient en la matière. Pour ce faire, la mission a été confiée au vice-président de Limoges-Métropole, Philippe Janicot, de traiter cette thématique transverse, c'est-à-dire :
-faire des économies d'eau en termes d'assainissement (on va donc augmenter le budget d'assainissement de Limoges-Métropole pour éviter des fuites qui aujourd'hui nous font perdre une quantité d'eau conséquente sur une année calendaire) ;
-être capables de promouvoir la thématique de l'eau dans toute la gestion du cycle : aujourd'hui, nous considérons que si nous voulons ramener des populations sur des territoires comme les nôtres, il faut être exemplaire en matière de « ville durable », en matière « d'aire urbaine durable ». Pour ce faire, la gestion de la ressource en eau est un des marqueurs qui va faire que vous obtiendrez la présence de nouveaux foyers, de jeunes ménages qui considèreront que ce territoire est résilient dans la gestion d'une ressource qui parle à tout le monde : aujourd'hui, la ressource en eau parle à tout le monde, et, particulièrement dans les sociétés occidentalisées, c'est un vrai sujet que de savoir traiter cette ressource. Au même titre que le maire de Limoges l'avait fait dans les crèches, où l'on a supprimé les perturbateurs endocriniens (ce qui nous avait valu un certain nombre de satisfécit à l'échelle européenne), il faut que l'on soit extrêmement résilients dans la gestion de la ressource en eau, et c'est pour cela que nous tissons des liens de plus en plus rapprochés avec l'OIEAU, qui maintient son siège ici, pour réussir ce pari de faire de l'eau une thématique qui va parler à des publics que l'on cherche à faire venir : on développe des mobilités douces, nous sommes en avance sur la gestion des perturbateurs endocriniens, nous avons aujourd'hui un traitement de la vie, de la petite enfance au pôle sénior, qui est très honorable pour une aire urbaine de cette strate ; pour nous, la gestion de l'eau est un marqueur supplémentaire.

Le deuxième volet est la gestion de l'eau comme ressource et comme filière économique. Aujourd'hui, j'ai mis au cœur du projet de territoire le développement économique. Or, en la matière, nous avons identifié la filière « eau » (au même titre que le Douglas, que les nanotechnologies ou l'hyperfréquence) comme une thématique dans laquelle nous avons un avantage relatif, un avantage compétitif, par rapport à des villes ou à des aires urbaines de même strate, à l'échelle nationale et à l'échelle européenne. L'idée de cette filière eau, au-delà du volet transverse sur la gestion de la ressource, c'est de créer une filière économique qui va nous permettre, demain matin, de créer de l'emploi autour d'elle. Nous avons ici, avec l'OIEAU, formé des tas de gens qui aujourd'hui sont en Amérique Latine, en Indonésie, en Afrique de l'Ouest qui sont passés par Limoges et qui savent que Limoges est une référence en termes de gestion de l'eau. Nous avons des entreprises industrielles qui produisent du matériel, des matériaux qui interviennent, à un moment donné, dans le traitement du cycle de l'eau. Ces filières-là existent, elles sont disséminées sur le territoire de Limoges-Métropole et, plus largement, sur le territoire départemental ; néanmoins, ces structures ne sont pas fédérées dans un écosystème, à l'inverse du pôle européen de la céramique qui, lui, a réussi à créer un écosystème favorable, qui crée de l'emploi industriel, qui bénéficie à la fois de la phase de recherche et de la phase de développement, et qui aujourd'hui dispose de contrats majeurs avec de très grandes entreprises européennes et mondiales. Nous devons être capables de faire la même chose au titre de la filière eau ; il faut que l'on arrive à structurer, à mettre du liant entre ces entreprises qui créent de l'emploi, qui sont présentes sur le territoire, qui irriguent le globe entier ; il faut simplement arriver à créer cet écosystème favorable autour de la filière eau : pour cela, je compte beaucoup sur l'OIEAU, et l'idée est que nous ayons à terme un évènement annuel autour de la thématique de l'eau, un évènement *a minima* national et, je l'espère, européen, sur la gestion de la ressource puisque beaucoup de choses se font ici et sont amenées à se faire, et je ne désespère pas d'avoir le Rassemblement International des offices de bassins dans la mandature 2020-2026 à Limoges, ce qui nous permettrait de nous placer comme une des villes, une des aires urbaines qui sait traiter cette ressource qui, encore une fois, va être essentielle pour les années qui viennent.

Michel SENIMON
Merci Monsieur Guérin. Je suis toujours surpris, en écoutant vos propos et ceux de monsieur Tardieu, de me rappeler que l'humanité s'est développée le long de l'eau, le long des fleuves, le long des cours d'eau, le long des zones humides, et combien aujourd'hui nous retrouvons le sens de l'eau pour développer une nouvelle société, une nouvelle communauté.
Nous allons maintenant donner la parole au président du conseil départemental de la Haute-Vienne Jean-Claude Leblois.

Jean-Claude LEBLOIS
Président du conseil départemental de la Haute-Vienne

Merci de me permettre de m'adresser à vous tous, mesdames et messieurs.
On le sait tous, l'eau est un bien commun de l'humanité, un bien précieux, et préserver cette ressource vitale autant que fragile est essentiel ; cela passe par une triple obligation. Tout d'abord celle d'une gestion qui s'inscrit dans la durée, une gestion durable, qui rime aussi avec une approche concertée, et une vision équilibrée entre les différents mondes, qu'ils soient ruraux ou urbains. Cette problématique passe également par un portage public de nos actions, puisque le portage public est garant de l'intérêt général ; bien entendu, les situations diffèrent selon les lieux, leur topographie, selon les ressources aquatiques, selon aussi les activités humaines et les usages. Pour cela, en fonction de toutes ces différences, il est fondamental de travailler ensemble autour de ces questions, non seulement pour mieux appréhender les enjeux locaux, mais aussi pour nous enrichir, collectivement, de ces partages d'expériences et, au final, le but recherché est de convaincre les usagers et les citoyens en comprenant mieux le cycle de l'eau dans sa totalité. Alors, réunir autour de la table les différents acteurs du secteur pour questionner ensemble ces enjeux relève pour moi d'une priorité. C'est pour cette raison que je suis très heureux de participer à ce colloque Europa au nom du conseil départemental.
En Haute-Vienne, l'eau fait partie de notre histoire puisque le développement de notre histoire s'est fait le long de la Vienne par les activités qui étaient liées à l'usage de l'eau. Donc l'eau

est au cœur de notre histoire, c'est plus de 7000 kilomètres de ruisseaux, de rivières qui traversent la Haute-Vienne et aujourd'hui, notre département, c'est 10 captages d'eau de surface, 230 captages d'eau souterraine, et 580 stations d'épuration. Sur cette thématique, et je n'emploie plus le terme « problématique » puisque je le fixe comme une ambition, un enjeu, le département a agi sur trois leviers : tout d'abord sur celui de l'action immédiate, puis sur celui de la réflexion, dans la projection pour terminer.
L'action, c'est ce que nous conduisons actuellement. C'est un appui aux communes, aux communautés de communes, aux syndicats, par le biais des contrats territoriaux que l'on a avec eux pour les accompagner techniquement et financièrement dans les projets d'alimentation en eau potable, de restauration des cours d'eau, d'assainissement de l'eau. Nous ne le faisons pas seuls, puisque ces chantiers sont menés avec des partenaires ; nous le faisons main dans la main avec l'OIEAU, avec les agences de l'eau qui s'occupent du versant de la Vienne, mais pas uniquement puisque nous avons également une partie du versant de la Garonne *via* la Dordogne, donc ces 2 agences de l'eau travaillent avec nous. L'action, c'est encore le dispositif « Pass'eau », dispositif de solidarité qui permet de venir en aide aux foyers les plus fragiles, pour le paiement de leurs factures d'eau. On vient de le dire, l'eau est un bien essentiel, un bien de consommation courante, mais on oublie aussi souvent que certaines personnes ne peuvent se le payer. Sur cette problématique du prix de l'eau, je voudrais dire que les chantiers que l'on conduit, que l'on a conduits et que l'on va conduire représentent un coût, un investissement pour l'avenir, et cela doit se traduire par un prix de l'eau, assumé par les consommateurs. Il faut que l'on puisse bien lier l'importance d'avoir une eau de qualité avec un prix qui est la contrepartie que chacun de nous doit assumer pour s'inscrire dans cette protection-là. Je souhaiterais qu'à l'avenir on puisse travailler sur un territoire plus important que, peut-être commune par commune, ou communauté de communes par communauté de communes, sur la problématique du prix de l'eau.
C'est aussi pour le département le moment de la réflexion. Nous avons lancé depuis un peu plus d'un an une étude prospective

pour mieux connaître la ressource en eau potable dans notre département, mais aussi pour garantir son accès dans la durée, au regard des conditions climatiques d'aujourd'hui et de demain que l'on doit obligatoirement prendre en considération. Cette étude que l'on conduit notamment avec l'agence de l'eau sera présentée cette après-midi par Brigitte Lardy, Vice-Présidente du conseil départemental en charge de l'environnement, et elle débouchera sur un programme d'action sur les 10 ans qui viennent, 2022-2032. J'espère que l'on pourra y intégrer tous les éléments dont j'ai parlé tout à l'heure, notamment le prix de l'eau et les investissements que l'on doit faire sur le renouvellement des canalisations ; la problématique doit être globale.
La projection aussi, c'est associer tous les usagers, tous les citoyens à cet enjeu. C'est le travail que nous avons engagé depuis quelques mois avec les assises de l'environnement et de la transition écologique que l'on a conduit. Elles ont permis dans un premier temps de collecter des propositions d'associations, mais maintenant aussi de particuliers : à ce jour, nous avons 375 contributions qui font l'objet d'une analyse et de la publication d'un livre vert qui va nous servir pour les années à venir. A partir de ces propositions, on pourra tenir des engagements, et aussi décliner ces engagements en actions sur le terrain.
Un commentaire sur ces assises qui sont en cours, puisqu'on en est à la synthèse ces assises sont un succès, par le nombre de contributions, par la qualité de ces contributions. Cela montre aujourd'hui que la préservation de nos ressources, et notamment celle de l'eau, est vécue comme une urgence par nos citoyens. Aujourd'hui, cette étape est bien la prise de conscience de chacun d'entre nous.
Pour notre collectivité, comme pour bien d'autres, avoir en tête ce triptyque « action immédiate – réflexion – projection » est la meilleure façon de se projeter dans l'avenir, avec responsabilité mais aussi avec sérénité ; il faut que l'on ait envie et une volonté de travailler sur cette orientation. Nous devons aussi nous questionner sur les pratiques que l'on a aujourd'hui, sur la manière de les faire évoluer, comment être plus vertueux, et cela me semble essentiel sur la thématique de l'eau. Alors aujourd'hui par cette prise de conscience, qui j'espère sera la plus importante possible, l'eau est au cœur des préoccupations, et je me réjouis

qu'elle soit au cœur des débats de ce nouveau colloque Europa, et je suis dans l'attente de vos contributions pour étayer, enrichir nos politiques publiques.

Michel SENIMON

Merci monsieur le président. Par vos propos, on voit que l'on a, semble-t-il, une action coordonnée au niveau du territoire. Le président Guérin l'a dit pour Limoges-Métropole, vous avez aussi un projet ambitieux, qui est complémentaire, avec une phase sociale qu'il ne faut pas oublier avec le dispositif « Pass'eau ». Espérons que ce territoire Limousin de la Nouvelle-Aquitaine soit le pionnier et montre l'exemple de ce qui doit être une gouvernance intégrée !

Monsieur Henri SABAROT

Conseiller régional Nouvelle-Aquitaine
Délégué Pêche et chasse, Délégué zones humides, Environnement et biodiversité

Je voudrais tout d'abord excuser le président Rousset qui m'a demandé de participer, en connaissant la pertinence de l'ONG, sur le sujet hydraulique. La région Aquitaine, c'est une « terre des eaux », et si l'on regarde ce thème, notre objectif est tout de même la « directive-cadre » de l'eau, d'inspiration européenne.
Sur le sujet de l'eau, la région Nouvelle-Aquitaine a pris le dossier de façon complète et scientifique. Il y a quatre ans de cela, nous avons reçu les conclusions d'un groupe de travail qui comprenait des centaines de scientifiques qui travaillaient en même temps dans le cadre du GIEC et qui a donné naissance à AcclimaTerra. AcclimaTerra a regardé avec intérêt tout le changement et l'adaptation au changement climatique qui pouvait être faite, et cela a donné lieu à un rapport pour faire partager le diagnostic. Je ne vais pas répéter l'importance ni le sujet, « l'eau ce bien universel » : lorsque l'on met en place des politiques, il faut d'abord convaincre et surtout faire partager le diagnostic initial. Donc le rapport AcclimaTerra est sorti, ce qui nous a amenés à le faire partager avec les citoyens néo-aquitains par le biais de quatre colloques, un à Limoges, un à Poitiers, un

à Bayonne et un à Bordeaux, de façon à croiser toutes ces informations scientifiques et à les faire partager. Cela a été fait et a donné pour base notre politique en matière d'eau que nous déclinons, car les changements législatifs, que ce soit avec la loi NOTRe ou avec la loi MAPTAM dernièrement, nous ont mis « tête de file » dans la politique de l'eau ; et puis l'adaptation dans notre région a nécessité pas mal de travail, parce que la région Nouvelle-Aquitaine est la plus grande région de France. Nous nous sommes partagé, avec 2 agences de l'eau (l'agence de l'eau *Adour-Garonne* et l'agence de l'eau *Loire-Bretagne*) car, même si les objectifs recherchés sont communs, certains ajustements sont nécessaires par rapport à la diversité de nos territoires : il est clair que le cours de la Vienne ou de la Creuse n'a rien de comparable avec celui de l'Adour ou celui de la ressource constituée par les grands lacs rétro-littoraux de l'ex-Aquitaine. En plus, sur ce territoire, n'oublions pas que nous avons les grands fleuves que sont la Garonne, la Dordogne, la Charente, l'Adour, qui ont une responsabilité majeure sur d'autres volets, comme le volet environnemental : nous sommes les derniers fleuves à pouvoir amener une politique de préservation des espèces amphihalines, que ce soit le saumon, la lamproie, l'alose. Pour décliner les conclusions du rapport AcclimaTerra, la région Nouvelle-Aquitaine est la seule région de France à s'être dotée d'une politique que l'on appelle NéoTerra, votée il y a deux ans, dont l'objectif est bien évidemment multiple mais sur lequel un volet relativement important est consacré à la gestion de l'eau.
Je crois que, parfois, l'on a tendance à séparer de façon très importante tout ce qui touche le petit cycle de l'eau (la distribution d'eau potable, les assainissements collectifs et individuels) du grand cycle (où nous avons véritablement les ressources, les zones humides, et toute la gestion des grands fleuves). Dans cette politique NéoTerra, nous déclinons tout cela par un partenariat fort. J'ai entendu aussi que, pour l'eau, se pose la question du citoyen qui paie son eau qui coule au robinet, qu'il faut économiser aussi, mais cela rentre très directement dans les compétences régionales en matière de développement économique ; nous avons une politique forte de soutien dans tout

ce qui est recherche, que ce soit pour l'économie, en quantité et en qualité.
Dernièrement, nous avons participé au *projet Aubépine*, avec l'Université de Limoges et nos collègues de cette région, Limoges étant une place forte dans la politique et dans la recherche au niveau de l'eau, de manière à détecter un peu plus en amont le virus de la Covid dans les eaux usées. Pour l'instant, ce sujet-là continue, nous l'avons testé sur des stations balnéaires cet été : le résultat n'a pas été validé, mais l'esprit est là, et je vois avec plaisir que le projet Aubépine est toujours d'actualité.
La région Nouvelle-Aquitaine est la première région de France en matière agricole, avec en particulier une politique agricole qui rassemble tout ce que l'on peut trouver à l'échelon national : de grandes cultures, de l'élevage très varié. Notre région porte aussi de nombreux signes de qualité, qui font partie de l'ADN de notre culture et de notre stratégie de développement.
Le rapport AcclimaTerra fournit des fiches. Nous avons tous lu la loi sur l'eau, où l'article 1 traite de la consommation humaine, la distribution d'eau potable, le 2 le maintien de la biodiversité ainsi que les usages agricoles et industriels. En agriculture, on a tendance quelquefois à stigmatiser le monde agricole, à prendre comme totem le « non à l'irrigation », le « non à des réserves multifonctions ». Avec NéoTerra, nous avons pris des engagements forts en disant diminuer de façon importante dans les 10 ans les prélèvements d'eau en matière d'irrigation, en allant en même temps vers la qualité, et je crois que le monde agricole l'a compris, les premiers résultats sont intéressants. Cette gestion hydraulique pour l'agriculture peut être le bon témoin, le bon starter pour amener des changements agricoles sur des politiques un peu plus vertueuses. Nous sommes tous convaincus qu'il faudra toujours de l'eau pour faire de l'agriculture, que l'on en prenne le moins possible et au bon moment. Car je crois que, dans le rapport du GIEC, on ne nous dit pas que dans notre région Nouvelle-Aquitaine nous allons méditerraniser notre climat : on dit que l'on aura toujours entre nos 800 et 900 millimètres d'eau par an ; en revanche, nous aurons des épisodes de pluviométrie très importante (on prendra 150mm d'eau en trois jours, suivi de 4 mois de sécheresse). Les grands fleuves qui nous alimentent sont aussi très dépendants du

changement climatique par rapport à la neige : la Garonne est très tributaire du manteau neigeux pyrénéen ainsi que ses affluents ; pour la Dordogne, c'est un peu différent. Il faut se préparer, le déficit actuel sur le bassin Adour-Garonne est déjà de 200 millions de mètres-cubes, et on nous annonce un déficit de plus d'un milliard de mètres-cubes dans les années à venir. Donc, si à certains moments on ne sait pas la garder (cela veut dire l'infiltrer peut-être un peu plus dans les eaux de surface, peut-être aussi avoir une politique de partenariat et de gestion avec les hydro-électriciens, ce que nous avons commencé avec l'aide de l'agence de l'eau, en partenariat sur tous ces sujets), il faut avoir le courage de dire « quand il y en a en abondance, comment peut-on faire pour en garder un petit peu, de manière à passer les périodes d'étiage ? »

Michel SENIMON
Dans votre intervention, vous avez évoqué un point sur lequel nous aurons sans doute l'occasion de revenir : c'est la participation des usagers, quels qu'ils soient (des citoyens, des agriculteurs, des industriels), à la fois à la réflexion autour de la politique de l'eau mais également à sa mise en œuvre.

Emile-Roger LOMBERTIE
Maire de Limoges

Je voudrais d'abord saluer l'organisation de ce colloque dont nous sommes très fiers qu'il soit organisé à Limoges depuis l'origine, en plus dans un endroit hautement symbolique, cet institut de l'eau qui forme des gens sur toute la planète.
On a l'habitude de dire que l'eau, c'est la vie mais, quand on écoute partout autour de nous aujourd'hui, nous nous rendons compte que, si on veut voyager pour quitter la Terre vers d'autres planètes, on se pose la question : y a-t-il de l'eau sur ces planètes pour envisager d'y transporter la vie humaine ? A écouter l'ensemble des intervenants, je me rendais compte de la façon dont nous avons dilapidé la réserve et le produit au cours de ces 40 voire 50 dernières années. J'ai le souvenir, petit enfant vivant à la campagne, d'avoir vu une agriculture protectrice et utilisant l'eau au mieux, utilisant les rigoles et les drainages de surface ;

nous avons vu cela disparaitre, en même temps que nous avons vu disparaître les truites qu'il y avait dans les ruisseaux, tout simplement parce que, petit à petit, l'eau disparaissait, au fur et à mesure d'ailleurs du réchauffement climatique, et où les pluies et les sècheresses alternaient avec une augmentation de plus en plus importante des sécheresses. A la ville de Limoges, nous avons la chance d'avoir une ressource, l'eau, que nous avons partagée avec la communauté urbaine.

Et puis surtout, je voudrais insister sur ce qui est inquiétant : à partir du moment où nous sommes obligés de légiférer pour utiliser une ressource aussi essentielle à la vie, c'est que nous sommes en situation extrêmement difficile ; j'ai l'habitude de raisonner en niveau supérieur : pour moi, dans la mesure où l'eau c'est la vie, l'eau c'est sacré. Et je voudrais rappeler que l'eau est un phénomène de culture, on l'a complètement oublié ; notre région est particulièrement propice à cela puisqu'il y a des lieux de culte qui sont devenus des lieux d'ancrage de la civilisation, des lieux d'ancrage de villes et de villages ou des lieux de pèlerinage. Donc, n'oublions pas que l'eau, c'est sacré ; et tout à l'heure, en écoutant le président du conseil départemental, j'étais en train de penser que l'eau n'a pas de prix : nous sommes capables de nous battre et de tuer lorsque nous avons soif. Il faut se souvenir qu'une grande partie de la déstructuration du Moyen-Orient est liée justement à l'utilisation de la ressource du Jourdain et au fait qu'une partie de la population qui se trouve en aval vit très mal le fait qu'une population installée en amont récupère l'eau pour faire de l'irrigation. Lorsque l'on voyage, par exemple en Israël, on se rend compte qu'Israël utilise les eaux usées en les nettoyant le plus possible, pour faire de l'irrigation et de la production humaine ; lorsque l'on va en Chine, on se rend compte aujourd'hui que la Chine a fait un énorme travail de dépollution de ses fleuves, de ses rivières, de ses lacs et de ses étangs, et aujourd'hui, les sècheresses subsahéliennes et sahéliennes nous amènent des flux de populations. Si vous allez regarder brûler les Etats-Unis ou l'Australie, vous vous rendez compte que sur une planète où la population est de plus en plus nombreuse, donc où elle a besoin de plus en plus d'eau, nous avons de plus en plus de difficultés à nourrir les populations.

Dernier point, il y a quelque chose d'extrêmement important : la loi est une chose ; l'application de la loi, quand elle devient absurde, est autre chose. Aujourd'hui, nous avons entrepris de réfléchir aux seuils qui ont été faits pendant le 19ème siècle pour faire fonctionner l'industrie sur la Vienne à Limoges : nous avons deux seuils. Aujourd'hui, avec la sècheresse, si nous faisons disparaître ces 2 seuils, nous allons mettre à sec le lit de la rivière, ce qui va poser des problèmes par rapport à tout un tas d'écoulement des eaux périphériques. Mais l'autre chose, plus grave, est qu'on nous oblige par la loi à le faire, mais on n'oblige pas les 8 seuils qui sont entre Limoges et Aixe à disparaître, et on n'oblige pas à ouvrir le barrage qui coupe la Vienne tout à fait au Sud, ce qui fait que la suppression des seuils qu'on a à Limoges est une erreur monumentale, puisque, de toute façon, les poissons migrateurs (notamment les saumons) ne pourront jamais remonter puisqu'ils ont un barrage de 8 mètres à franchir, et une cinquantaine ou une soixantaine de seuils qui n'auront pas disparu avant.
Il faut que nous soyons extrêmement prudents là-dessus.
Un autre élément est important : autant l'eau n'a pas de prix, autant elle a un véritable coût. Et, à chaque fois qu'on a à amener l'eau à un consommateur, si on ne le fait pas participer aux coûts de la transmission et du nettoyage de l'eau quand il l'aura salie, nous ne pouvons pas avoir une maîtrise pour protéger non seulement la ressource mais pour protéger l'humanité, et tout l'environnement autour. L'eau participe essentiellement au cycle du vivant. Et ce cycle du vivant n'est pas de A vers B, c'est tout un tas de parcours compliqués, d'interconnexions, d'interférences et d'interrelations. Nous avons lancé, partout où nous avions des sources, des actions pour entretenir, nettoyer et protéger l'environnement dans un statut le plus naturel possible, et pour veiller à ce qu'il n'y ait pas de pollution dans cet environnement. De la même manière, je suis très heureux aujourd'hui, moi qui suis médecin, que nous puissions suivre l'évolution de la COVID en testant dans les eaux usées la présence du virus où, en tous cas, des particules virales.
A Limoges, chaque fois que nous faisons des constructions et que nous faisons des rénovations, nous lançons systématiquement des actions pour la production d'électricité sur les toitures et la

récupération d’eau pour arroser. Le fait de récupérer l’eau de pluie pour faire de l’arrosage va nous permettre d’éviter d’utiliser tout ou partie de la ressource nécessaire aux humains. Mais aujourd'hui, comme je l’ai vécu dans mon enfance, je suis confronté en tant qu’élu à la réalité de ce qu’est le cycle naturel de l’eau et de ce qu’est la circulation de l’eau à la surface de la planète. Quand on est en période de sécheresse comme on en connaît de plus en plus, nous ne produisons pas de nourriture, ni pour l’humain ni pour le monde biologique naturel (notre environnement), mais en plus, nous nous mettons en situation difficile et en situation de conflit humain les uns avec les autres. Donc aujourd'hui, le fait de prendre soin de la ressource, de la protéger, de la valoriser, de réfléchir complètement et sur toute la planète me parait indispensable, et je vous félicite d’avoir organisé ce colloque pour que nous partagions nos inquiétudes ou nos constats, et que nous dégagions des solutions, que nous nous enrichissions des petites solutions que chacun est capable d’avoir structuré, inventé, expérimenté ; à Limoges, nous souhaitons être une zone expérimentale et dynamique, pour être à la fois dans la protection de l’environnement et de la ressource, mais dans des propositions concrètes, réalisables et pratiques. Et si je souhaite faire une *Smart City*, c’est aussi pour que nous puissions tester des arrosages le plus efficaces possibles avec des sondes, comme nous le faisons déjà pour le transport de la ressource pour en perdre le moins possible.

Michel SENIMON
Merci monsieur le maire pour cette intervention passionnante ; vous nous avez rappelé que l’eau est un bien sacré et vous avez insisté sur l’approche de l’eau comme lieu de culte et de culture, en tous cas lié au développement des cultes et de la culture. Merci aussi d’avoir pointé l’effet parfois pervers de la réglementation, son incohérence et le fait qu’aujourd'hui il faudra peut-être la questionner et la remettre en cause. Et puis, le problème de l’eau est un problème certes des politiques publiques mais c’est un problème du citoyen et de prise de consciences individuelles, que chacun doit être acteur de la préservation des ressources.
Nous accueillons maintenant sur nos lignes Guillaume Choisy, directeur général de l’agence de l’eau Adour-Garonne ; c’est un

plaisir de vous avoir comme partenaire sur ce colloque Europa : vous êtes un des acteurs principaux de la gestion, nous l'avons vu nos élus locaux on chaque fois articulé leurs projets territoriaux avec un partenariat avec l'*agence*, comme ils disent.

Guillaume CHOISY
Directeur général de l'agence de l'eau Adour-Garonne

Je vous remercie de votre initiative. Je souhaite également associer Martin Gutton, directeur de l'agence de l'eau Loire-Bretagne, parce que le territoire sur lequel vous êtes est à cheval sur les deux bassins : Nouvelle-Aquitaine et Haute-Vienne sont réparties sur deux bassins hydrologiques.
Les agences de l'eau ont été créées il y a maintenant un peu plus de cinquante ans. C'est la loi de 1964 qui a créé ce modèle de gestion de l'eau par bassins, qui se fait fi des gouvernances administratives pour avoir une gestion de l'amont à l'aval, qui a été probablement source d'inspiration et reconnu comme système pertinent à travers le monde et par les différents acteurs. A cette politique, on a adjoint deux choses, la mise en œuvre des agences, qui ont pour vocation d'être l'outil de mise en œuvre de l'organisation et de la stratégie dictée par le comité de bassin. Le comité de bassin, c'est un peu le « Parlement de l'eau » pour chacun des six bassins (on en a six sur la France métropolitaine, 7 avec la Corse), qui ont, dans le cadre de ce comité de bassin, une représentation plurielle où l'Etat est largement minoritaire et où l'on retrouve des agriculteurs, des associations environnementales et des associations de consommateurs, des élus, région, département, EPCI, syndicats. C'est ce monde-là qui définit une stratégie, un plan d'action, une visée pour pouvoir garder une politique de l'eau cohérente et une reconquête de la qualité de l'eau sur le bassin. En cinquante ans, il y a eu différentes évolutions, différentes phases : il a fallu d'abord alimenter et sécuriser l'eau chez chacun de nos concitoyens après-guerre, et après il y a eu une phase de conquête de la qualité de l'eau, bassin par bassin, où l'on a dû mettre en place un certain nombre de directives. C'est dans les années 2000 qu'est intervenue la directive « cadre dur l'eau », une politique européenne avec une ambition, ici 2027, d'avoir 100% de bon

état des eaux en France et dans les pays européens. Ce vœu ne sera probablement pas entièrement exaucé mais aujourd'hui, sur le bassin Adour-Garonne, on est à 50% de bon état des eaux et donc un peu au-dessus de la moyenne européenne et de la moyenne nationale.
C'est un enjeu majeur ; les agences ont toujours fonctionné avec un système de connaissances : nous avions, il y a cinquante ans, entre 2000 et 3000 données que l'on collectait ; aujourd'hui l'on a 3 millions de données collectées chaque année sur le territoire Adour-Garonne et, sur le territoire national, c'est plus de 20 millions de données collectées chaque année sur la qualité des eaux. Cette connaissance nous permet d'identifier les enjeux à résoudre pour sécuriser l'eau, de pouvoir programmer sur du pluriannuel, et nous disposons de plans d'action sur 6 ans, ce qui nous permet d'avoir une stratégie d'accompagnement des collectivités sur du pluriannuel et d'avoir une vue d'ensemble des problèmes à résoudre. C'est cela la stratégie et la visée est coordonnée tous les 6 ans ; cela fait actuellement l'objet d'une révision par ce qu'on appelle le *schéma directeur de bassin* (le SDAGE), repris par sous-bassins par des SAGEs. Cela permet d'avoir l'approche par rapport aux connaissances collectées et des besoins à mettre en œuvre sur le territoire pour la reconquête du bon état, écologique, biologique et sanitaire des cours d'eau.
Le troisième point est probablement un plan d'action avec un système économique structuré par sous-bassin avec des redevances, qui permettent à la fois une solidarité intergénérationnelle, une solidarité des territoires (de l'amont à l'aval) mais aussi une solidarité des territoires urbains vis-à-vis des territoires ruraux. C'est un point qui permet d'avoir une soutenabilité des investissements sur l'ensemble des territoires.
Avec les interventions précédentes, on voit bien que le prix de l'eau est un enjeu fondamental ainsi que cette solidarité : l'eau est gratuite, c'est un bien commun de l'humanité, mais son service pour arriver à une eau potable et préserver l'eau dans les milieux, due à l'activité humaine que l'on a développée sur notre territoire, a un prix, un coût ; et pour que ce coût soit juste, il faut que l'on puisse, et c'est le rôle de l'agence, avoir une solidarité, avec des taxes affectées (70% de nos redevances viennent des factures d'eau des citoyens, 15% de l'agriculture et 15% de

l'industrie, pour une redistribution à peu près identique aux agriculteurs, aux industriels et aux collectivités sur le territoire). Voilà un peu le mode de fonctionnement établi au fil du temps.
Maintenant, si l'on dresse un bilan, nous avons réussi à acter un certain nombre de choses qui ont prospéré et sur lesquelles nous avons rendu des comptes sur l'eau, et qui ont permis cette reconquête de la qualité. Nous avons d'abord résolu pratiquement l'essentiel de nos pollutions domestiques (à 90%) en France, avec un traitement de l'assainissement qui aujourd'hui, tant sur le domestique que sur l'industriel, est largement traité : ces sources de pollution sont contenues, il reste encore quelques impacts à faire mais, d'ici 2027, nous aurons complètement résolu ces pollutions-là.
D'autres sujets sont apparus, sur les enjeux liés aux micropolluants, à tout ce qui peut être une nouvelle source de pollution, qu'elle soit urbaine avec l'intensification des populations autour de grands centres urbains, ou que ce soit sur les pollutions agricoles, avec les pollutions diffuses. Tous ces enjeux-là restent encore à traiter, ainsi que le maintien de la biodiversité, des zones humides, la renaturation des cours d'eau, la continuité écologique. J'ai entendu que cela faisait débat. Je pense que la question de priorisation est derrière nous, il y a des logiques de bassins pour ne pas faire 3 investissements d'arasement de seuils sur un territoire et ni en amont, ni en aval ; cela avance de façon diverse sur chacun des bassins, mais nous sommes tous dans cette logique-là, de prioriser notre feuille de route pour avoir une continuité d'action et une logique de l'amont à l'aval. Ceci dit, la renaturation des cours d'eau, comme les pesticides, c'est, sur le bassin Adour-Garonne, à 40% chacun les 2 points principaux de dégradation de la qualité de l'eau : une eau qui stagne, qui circule mal, se dégrade en qualité. J'en reviens à notre premier problème, ce qu'évoquait Henri Sabarot sur le changement climatique : aujourd'hui, en Adour-Garonne, le changement climatique, c'est une diminution de 40 à 50% d'ici 2050 du débit des cours d'eau sur les périodes d'étiage. Cela veut dire que l'on va concentrer les pollutions et que, si cette eau ne circule plus, nous allons avoir de façon généralisée ce que l'on rencontre déjà sur certaines parties : j'étais il y a quelques jours avec le maire d'Agen qui me faisait part des difficultés

aujourd'hui de température d'eau dans l'alimentation en eau potable, et il n'a pas d'autre alternative sur son territoire que de pomper de l'eau dans la Garonne, sauf que cette eau arrive aujourd'hui à plus de 25°C (voire plus de 30°C) et que la centrale nucléaire en amont a, pour la première fois, été arrêtée trois ou quatre fois ces dernières années parce que l'eau de sortie (et d'entrée pour le coup) était supérieure 28°C. On voit bien que nous avons un problème de maitrise pour les activités économiques (notamment en eau potable) de la qualité de nos rivières face au changement climatique. Cela est dû à plusieurs raisons : les précipitations ne sont pas moins nombreuses mais beaucoup plus concentrées l'hiver, avec de longues périodes de sécheresse, avec un appauvrissement des manteaux neigeux sur les massifs, là encore, il n'y a pas moins de neige mais elle reste moins longtemps, elle fond plusieurs fois dans l'hiver et se régénère, qui n'alimente pas en eau froide les rivières. Nous n'avons pas, comme dans l'est de la France, des capacités importantes de réalimentation par de grands barrages : nous en avons un peu et il faut peut-être qu'on l'optimise, cela fait partie des études actuelles pour la réalimentation des rivières, mais la capacité de stockage n'est pas très importante sur Adour-Garonne, ce qui limite notre capacité à maintenir des débits dans les rivières. Et puis, un tiers des rivières françaises sont sur le bassin Adour-Garonne donc avec de faibles débits : le débit de la Garonne est trois fois moins important que le débit de l'Allier et seize fois moins important que le Rhône, donc les débits sont déjà structurellement moins importants que dans le Nord et dans l'Est de la France, ce qui en fait une fragilité pour notre bassin face au changement climatique.

Maintenant, il est possible d'agir sur certains points : dans les perspectives, on n'est pas sans solutions mais ces solutions, multiples, doivent être portées. C'est pour cela qu'on a créé, à l'instar de ce que l'on avait sur l'eau potable et l'assainissement avec les départements, l'entente avec les régions (avec région Occitanie et Nouvelle-Aquitaine) pour avoir une politique commune pour faire face au changement climatique. Nous avons lancé les premiers appels à projets : la première chose à faire est probablement de préserver les solutions sur la nature ; nous avons lancé un appel à projets sur la préservation des zones

humides, et nous allons faire trois fois plus que ce que l'on avait imaginé sur 2 ans en termes de préservation des zones humides : nous avions prévu 500 hectares et nous allons faire 3000 hectares, parce que ces zones humines ont un rôle essentiel de stockage et de purification de l'eau.
Nous avons aussi un enjeu primordial, et nous avons lancé des actions communes sur les filières agricoles : quand nous avons travaillé sur les captages d'eau potable, nous avons eu des résultats ; les agriculteurs sont capables de s'adapter : sur la préservation des captages en eau potable où l'on a mis à peu près une centaine de territoires sur Adour-Garonne, nous avons une dizaine d'années de recul et nous constatons une baisse des pratiques. Cela ne veut pas dire que l'on a arrêté l'activité économique sur ces terrains, bien au contraire les agriculteurs ont continué à produire.
Sur ces enjeux, nous sommes capables d'avoir des résultats, de faire baisser les pesticides, c'est plutôt encourageant ! Maintenant, il faut que l'on puisse étendre la logique Etat-agence, avec une coercition dans une logique de projet de territoire, de maintien d'une politique commune sous-bassin par sous-bassin.
Deuxième point, le développement de l'agroécologie. Là aussi, autant sur le plan qualitatif que quantitatif, des points importants sont à développer pour réduire l'impact sur la qualité et sur la quantité.
Et, enfin, il faudra probablement que l'on optimise les ressources en eau via les retenues existantes, mais aussi par des projets de territoire, et sur les projets de territoire il doit y avoir du stockage de l'eau : c'est aussi un outil nécessaire dans les territoires où l'on a besoin de sécuriser l'activité économique mais aussi l'eau potable dans une dynamique de multi-usage portée par les pouvoirs publics.
Dernier point, tout ce qui est lié à la renaturation. Renaturation des villes, parce que c'est un enjeu important pour permettre à l'eau de s'infiltrer et éviter de polluer et saturer les stations d'épuration (et on ne traite pas tout dans une station) et donc de polluer les rivières. Et renaturation des rivières, pour leur permettre d'avoir une meilleure résistance et résilience face au changement climatique.

Et enfin, sur un plan européen, deux enjeux sont primordiaux : le maintien des objectifs de la DCE (il faudra que l'on arrive, notamment sur ces pollutions que l'on n'aura pas réglées depuis 2027, à avoir des plans d'action pour les résoudre) et, la PAC, la politique agricole commune ; on a expérimenté en Adour-Garonne les paiements pour services environnementaux qui nous avaient été demandés par le ministre (on les a expérimentés dès 2019). L'on s'aperçoit que l'on a un engouement extraordinaire de la part des agriculteurs pour aller vers des pratiques d'agri-écologie : on a un système qui prend en compte la diversification des assolements, le maintien des haies, des bosquets, qui prend en compte aussi les pratiques agricoles d'impact des pesticides et tout cela permet d'avoir un système à points pour progresser dans des limites collectives, territoire par territoire, et pour les agriculteurs de progresser dans des dynamiques de filières. Ce qui est le parti « éco-skin » de la PAC doit avoir aujourd'hui une part beaucoup plus importante, pour tendre vers ces systèmes d'agroécologie : le monde agricole est prêt, je pense que les filières économiques, agricoles et agro-alimentaires doivent s'y préparer et les consommateurs doivent s'y préparer ; le bio est probablement une solution, ce n'est pas la seule solution ; d'autres solutions permettent de réaliser un équilibre de l'environnement : il ne faut pas interdire l'ensemble des pesticides, il faut que cela soit en adéquation avec ce que peut supporter la nature, comme l'aménagement et l'urbanisme doivent être en adéquation avec ce que peut supporter la qualité des rivières et des sols.

Michel SENIMON
Ces derniers arguments de responsabilisation montrent comment le monde agricole est en mutation et soulignent la responsabilité de chacun des citoyens.

Nicolas JOYEUX
Directeur territorial
Direction régionale de Nouvelle-Aquitaine
Délégation de Limoges, Banque des territoires

Je vous félicite pour cette organisation toute particulière et pour la qualité de vos travaux, et je suis très fier de pouvoir accompagner vos travaux, année après année, et nous espérons le faire longtemps.
Quelques mots rapidement sur la banque des territoires et sur la caisse des dépôts : nous sommes un établissement public financier, au service de l'intérêt général et nous intervenons en appui des politiques publiques et pour le développement des territoires ; c'est notre mission et, depuis plus de 200 ans maintenant, nous accompagnons les grandes mutations, les évolutions du pays et nous le faisons avec tous nos moyens.
Parmi nos activités, nous centralisons les fonds déposés sur l'épargne réglementée (pour faire rapide, il s'agit du Livret A, du livret de développement solidaire) ; nous centralisons une grande partie de cette épargne et nous la transformons en prêts de très longs termes, pour des financements d'intérêt général (le logement social, le médico-social). Nous finançons également les projets du secteur public local, les collectivités locales au sens large, sur un certain nombre de thématiques prioritaires, parmi lesquelles la mobilité, tout ce qui a trait à l'éducation, bien sûr la transition écologique et énergétique et, je finis par le meilleur : l'eau, par tout ce qui a trait à la préservation et à la distribution de l'eau.
Concernant ce secteur de l'eau, quelle est notre intervention ? Bien entendu, c'est un sujet qui nous intéresse particulièrement : tout le monde l'a répété ce matin, c'est un sujet vital pour le développement des territoires et de l'humanité. Nous avons été pleinement associés en 2018 et 2019 aux « assises de l'eau » qui ont été un moment très important pour réfléchir sur la manière de développer et préserver cette ressource ; suite à cet évènement particulièrement mobilisateur, nous avons pu bâtir une offre spécifique, bien entendu en collaboration avec les collectivités, avec les pouvoirs publics, avec les agences de l'eau et tous les acteurs qui interviennent sur le secteur de l'eau. Nous avons été mobilisés sur cette thématique parce que les besoins en investissements sont énormes, nous le constatons tous les jours depuis plusieurs années : il y a des mises à niveau sur les infrastructures qui sont très importantes, et ces travaux sur les infrastructures et structures de traitement des eaux nécessitent

des amortissements très longs dans le temps pour que leur soutenabilité financière soit possible et réelle et pour que le prix de l'eau, *in, fine*, soit soutenable pour la collectivité et pour les usagers.
Donc sur cette filière, nous intervenons sur l'intégralité de ces aspects : sur les infrastructures liées à l'eau potable, celles liées à l'assainissement, les infrastructures liées au traitement des eaux, et également la *GEMAPI* (la gestion des milieux aquatiques et la prévention des inondations). Ces quatre aspects nous permettent de financer l'intégralité de la filière, l'enjeu étant de sécuriser les approvisionnements, de préserver la qualité de l'eau et de prévenir les risques. Nous mobilisons des financements sur des très longues durées et seules la caisse des dépôts et la banque des territoires sont en capacité d'intervenir sur des durées très longues, de 40 à 60 ans sur la réhabilitation des réseaux ; nous sommes un intervenant financier sur le très long terme et nous avons également la caractéristique d'intervenir sur des taux bas, puisque notre ressource est le Livret A, et nous pouvons intervenir de façon équivalente quelle que soit la taille des projets, qu'ils soient petits où à plusieurs dizaines de millions d'euros, quel que soit l'endroit sur le territoire sur lequel il se développe, et quelle que soit la durée : nous avons une intervention totalement égalitaire, identique sur l'intégralité du territoire, ce qui fait également notre force.
Nous avons également développé, pour maximiser notre intervention sur les projets de réhabilitation de ces réseaux, un partenariat avec la Banque Européenne de l'investissement, qui nous permet, en plus de notre ressource sur le livret A, de mobiliser des ressources à taux fixes donc de faire plus et mieux pour tous ces travaux de réhabilitation des réseaux et, bien entendu, nous avons des partenariats avec les Agences de l'eau, qui accompagnent les collectivités dans leurs politiques de travaux sur les réseaux ; nous avons des partenariats très fructueux avec l'Agence de l'eau qui peut subventionner, accompagner une partie des frais liés aux engagements financiers nécessaires à la réalisation de ces travaux très importants. Donc, nous sommes complètement inclus dans cette démarche : nous accompagnons les collectivités, les partenaires, et notre objectif est de rendre soutenables les investissements qui sont amenés à

intervenir dans les mois et les années à venir, et nous jouerons pleinement notre rôle.

Michel SENIMON

Je suis heureux de voir que le banquier de l'Etat va se mobiliser, parce que, quand je raccompagne les personnalités politiques, elles me parlent du fait qu'il va y avoir une véritable falaise à franchir sur la rénovation de tous les réseaux d'assainissement et de traitement des eaux usées. Donc savoir qu'en France, il existe un banquier qui puisse assurer des investissements sur du long terme avec des taux bas, c'est un bon modèle, et c'est peut-être quelque chose qui peut inspirer en terme de gouvernance européenne !

L'eau, une ressource sous pression

Eric TARDIEU
Directeur de l'Office international de l'eau
Secrétaire général du Réseau international des organismes de bassin (RIOB)

L'introduction au sujet est déjà largement entamée, et je suis très impressionné par l'ensemble des éclairages et problématiques qui ont déjà été posés, illustrés, concrétisés. Donc je vais, très modestement, vous faire part d'un certain nombre d'éclairages, d'approches sur les pressions sur la ressource en eau, en dézoomant peut-être par rapport aux territoires que nous avons déjà évoqués ce matin, en dézoomant sur l'Europe peut-être, je crois que c'était la demande. Nous n'allons évidemment pas tout balayer, mais nous allons essayer de croiser quelques regards, quelques approches, et je vais le faire en conjuguant ma casquette de directeur général de l'Office International de l'Eau et celle de secrétaire général du Réseau International des Organismes de Bassins : nous avons eu l'honneur de la présence de Guillaume Choisy, il y a quelques instants, qui a illustré le cas français et un exemple français à l'échelle du bassin Adour-Garonne ; ce type d'organisation existe à l'échelle européenne et internationale et constitue un observatoire assez riche de l'ensemble des pressions sur la ressource en eau et de la nécessité de dialogue entre différentes échelles.

Nous n'allons pas retourner à la planète Mars comme le maire de Limoges nous l'a suggéré ; quelques chiffres sont néanmoins toujours utiles au début de ce genre de colloque : c'est important de se rappeler que la ressource en eau à l'échelle de la planète est évidemment omniprésente, puisqu'elle représente 70% de la surface du globe et un volume très conséquent. Mais, quand on s'intéresse à l'eau douce, on change d'échelle : 3% seulement, et lorsque l'on regarde plus précisément la disponibilité de cette

ressource en eau pour nos usages humains, on retombe dans nos classiques 0,02%. Tout le monde connait ces chiffres, mais il est important de se les rappeler et d'y ajouter l'inégale répartition en géographie et dans le temps de cette ressource.
Vous avez quelques photos pas totalement joyeuses, mais le sujet est effectivement dramatique sur certains pays, sur certaines régions et dans certains moments.

Du fait de cette inégale répartition, vous avez là des exemples de cas extrêmes d'inondations et de sécheresses, et on reviendra sûrement sur certaines situations géographiques. Globalement, la carte que vous voyez là matérialise sous forme colorée cette inégale répartition : en Europe, nous savons que nous ne sommes pas les plus à plaindre et, malgré tout, un certain nombre d'enjeux critiques sont présents et nécessitent que nous ayons une organisation performante pour mieux gérer nos ressources en eau ; vous voyez, notamment dans la bande rouge ou dans les pays de couleur jaune, combien cette ressource peut être beaucoup plus difficile à gérer.

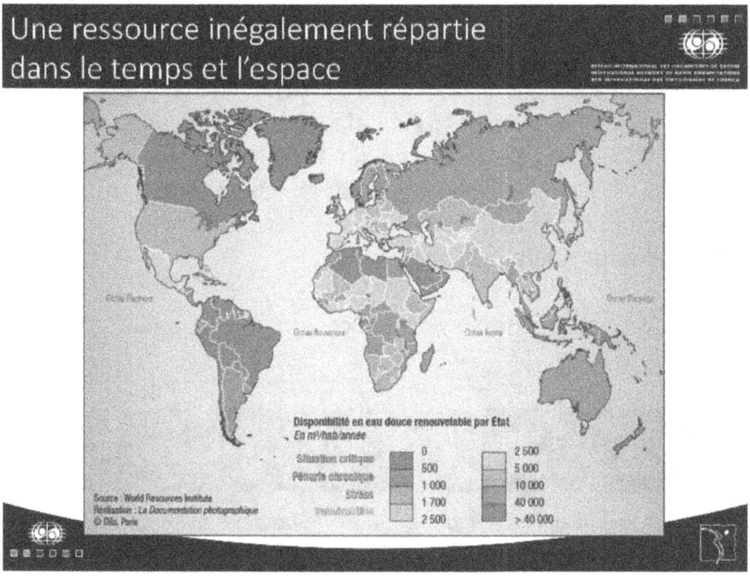

Carte suivante :

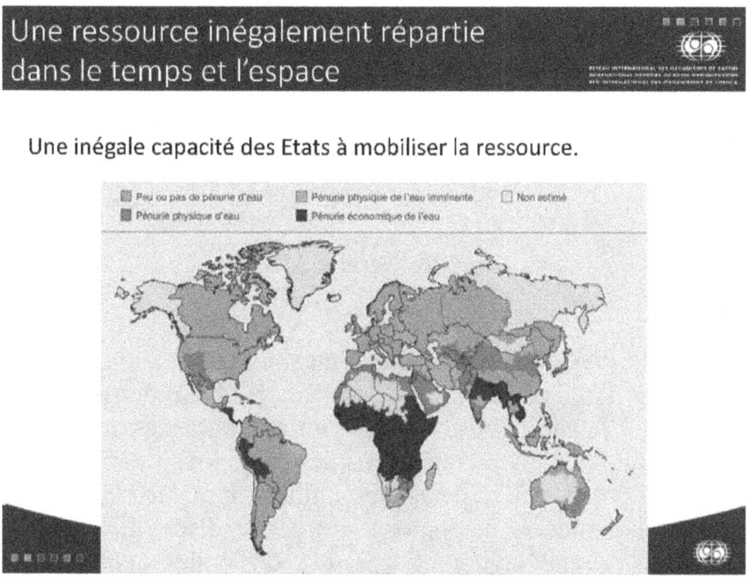

Il est important de se redire qu'il y a une rareté de la ressource en eau, au sens naturel et climatique du terme ; il existe aussi une difficulté à mobiliser, à gérer correctement cette ressource du fait des capacités inégales des Etats, des pays (au sens politique, au sens législatif, au sens juridique et au sens technique du terme) à la gérer ; c'est ce que l'on va appeler la disponibilité politique ou la disponibilité économique de l'eau, et c'est évidemment un sujet que nous aborderons plus tard.

La carte suivante redit au sens concret les conséquences pour les populations :

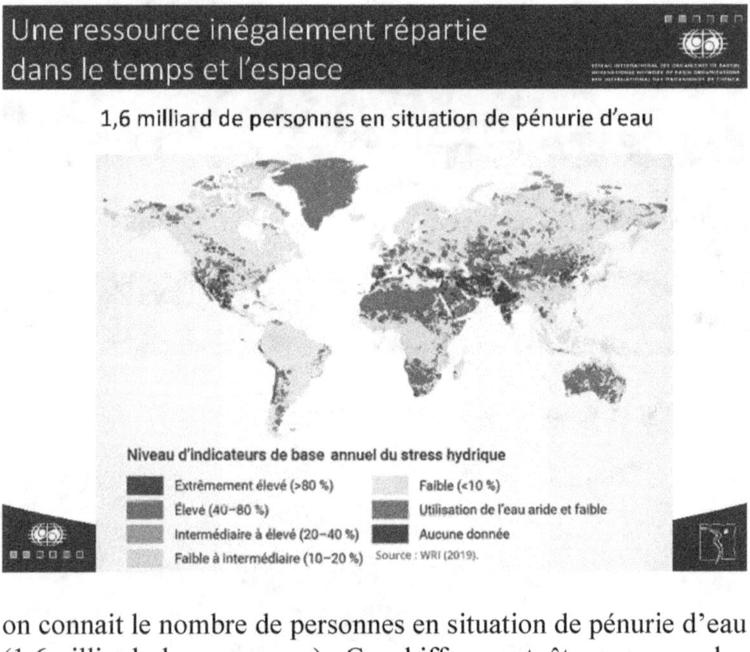

on connait le nombre de personnes en situation de pénurie d'eau (1,6milliard de personnes). Ce chiffre peut être encore plus critique : 2 à 3 milliards, lorsque l'on va vraiment parler de la disponibilité de l'eau potable dans des conditions satisfaisantes, lorsque l'on va parler de la possibilité à être raccordé à des réseaux d'épuration des eaux usées. Cette disponibilité de la ressource en eau se traduit dans des difficultés quotidiennes concrètes pour une part extrêmement importante de l'humanité encore aujourd'hui.

La diapo suivante repose un fait tout simple sur lequel je ne m'étendrais pas, mais j'ai régulièrement la question : pourquoi a-t-on plus de difficultés aujourd'hui qu'il y a 100 ans ? Il y a un certain nombre d'éléments de réponse que l'on va évoquer, mais il y a un élément très simple : nous sommes beaucoup plus nombreux à devoir boire, à nous habiller, à manger, à nous déplacer ; et cela a des conséquences immédiates sur l'utilisation et sur la raréfaction de la ressource en eau. Sur cette diapo, vous voyez la grande répartition des usages, avec notamment l'agriculture qui reste à l'échelle mondiale l'utilisation la plus massive en quantité, mais vous voyez que croissent également l'utilisation industrielle, l'utilisation pour l'eau potable et pour la disponibilité sur tous nos usages domestiques. C'est illustré par secteurs.

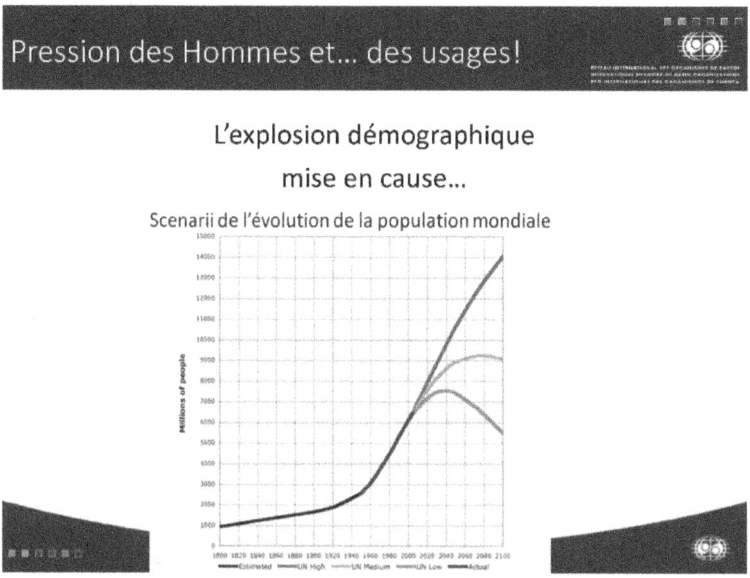

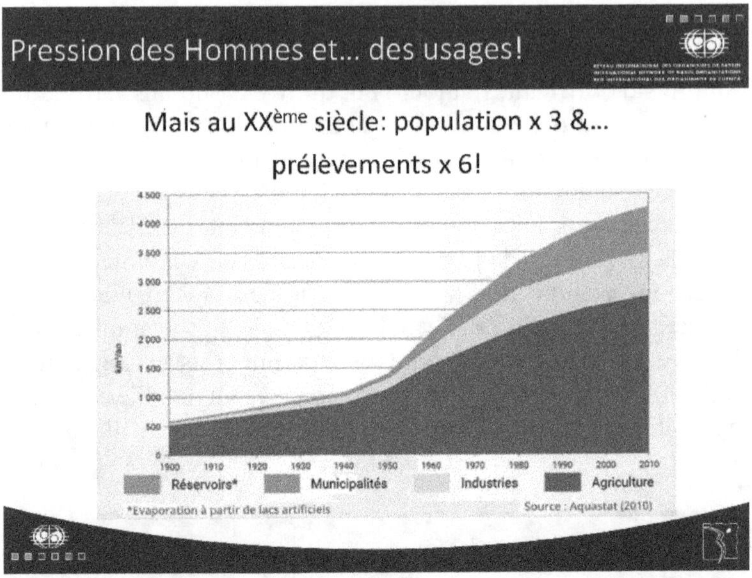

J'en viens maintenant à quelques choix de pressions sur lesquels mettre plus particulièrement l'accent ; je n'épuiserai pas le sujet, je sais qu'il y a dans la salle d'éminents représentants des responsables politiques nationaux, qu'ils soient Français ou Européens, des responsables d'organismes de bassins qui pourront compléter, illustrer voire corriger mon propos.

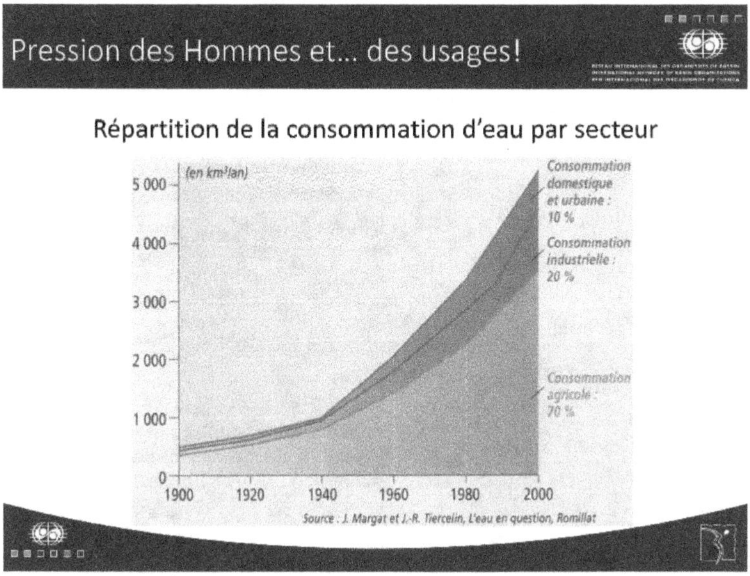

Un mot sur l'usage agricole, de manière très rapide car nous y reviendrons et nous avons déjà évoqué le fait que l'agriculture est une politique européenne extrêmement intégrée, historique, et qui évolue dans la génération actuelle, qui débute avec une nouvelle Politique Agricole Commune, qui redéfinit ses objectifs et qui devient « plus verte », pour faire court, c'est-à-dire qui va converger vers un certain nombre de préoccupations environnementales, notamment au titre de la gestion des ressources en eau, la préservation de la biodiversité, et tout l'enjeu en agriculture, alimentation et santé qui sont des sujets tout à fait concrets au plan de l'eau.

Sur la diapo suivante, une description extrêmement rapide de l'un des aspects du « green deal » européen et de la Politique Agricole Commune, la stratégie « de la ferme à la table », « de la ferme à la fourchette » (« from farm to fork »), qui reprend un certain nombre d'objectifs de réduction par exemple d'utilisation de pesticides (avec le risque qui y est lié), d'utilisation d'engrais plus rationnels pour éviter les excès de nutriments, de réduction d'un certain nombre de médicaments, notamment les antibiotiques qui sont, Guillaume Choisy les a évoqués, le type de micropolluants que l'on retrouve très directement dans les ressources en eau, et évidemment un coût de booster sur l'agriculture biologique qui représente l'une des voies d'amélioration de l'agriculture et de sa relation avec l'environnement.

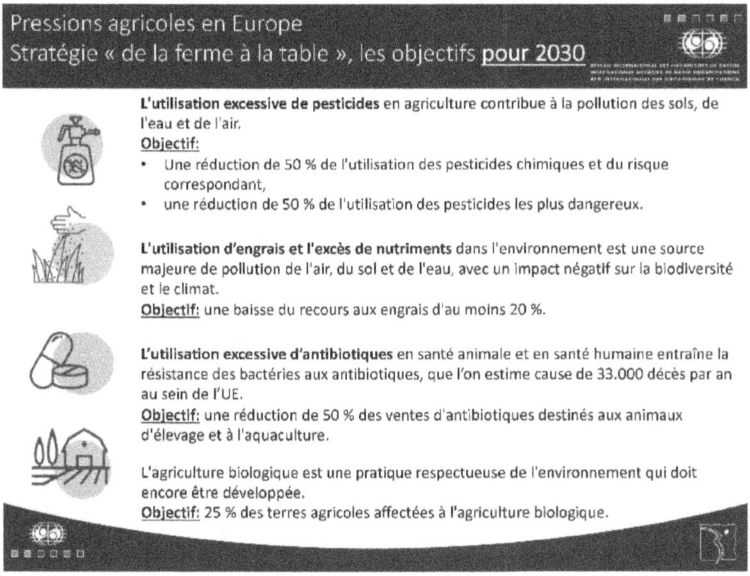

Petit couplet au passage sur notre responsabilité citoyenne, en écho à ce qui a déjà été dit par un certain nombre de responsables politiques, à travers cette image de « l'empreinte eau ». Il est important de se dire que tous nos gestes quotidiens, nos choix de consommation, nos comportements, ont un impact sur la gestion de la ressource en eau, sur la quantité dont nous avons besoin et sur la pollution que nous pouvons générer. Ces chiffres peuvent varier selon les sources, mais vous avez la comparaison entre les 40 litres nécessités par une tranche de pain, et les 3.000 litres nécessités par une voiture ; c'est important de se le redire : au-delà des chiffres, les notions de participation citoyenne, de sensibilisation, de concertation évoquées sont importantes, parce que, dans des périodes de criticité, de raréfaction de la ressource en eau, ce sont non seulement les décisions politiques qui comptent mais également les comportements citoyens du quotidien.

J'en viens à trois choix de pressions.
La première, c'est celle liée au changement climatique, elle a déjà largement été évoquée. Vous voyez à nouveau une carte ; le message que nous martelons et que nous entendons par d'autres réseaux dans tous les cercles internationaux, c'est « l'eau comme première victime des changements climatiques » puisque l'eau est partout, l'usage agricole de l'eau, sa disponibilité pour l'industrie et pour l'eau potable sont affectées par le changement climatique avec différents types d'impacts ; généralement, on en cite trois. Une modification des moyennes, et cela a été illustré sur le bassin Adour-Garonne : diminution attendue de 50% du débit moyen en étiage sur la Garonne.

Pression des changements climatiques

L'eau,
première victime des changements climatiques!

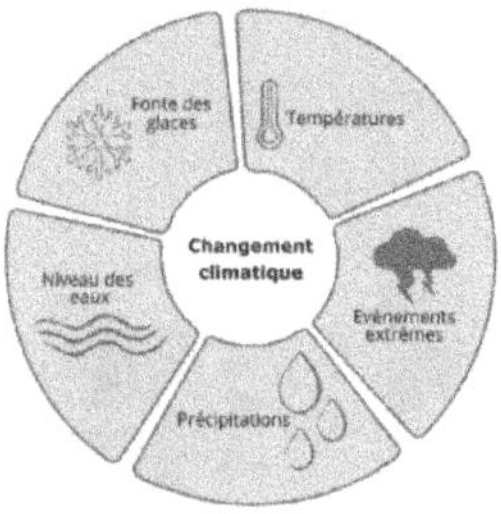

Évolution des précipitations annuelles sur les terres émergées observée entre 1951 et 2010

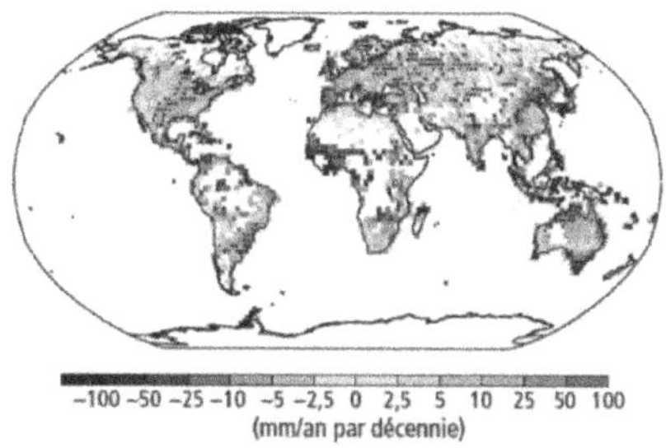

Source : GIEC, 2014

Le deuxième effet, c'est l'accroissement de la fréquence des évènements extrêmes (les inondations et les sécheresses), sujets importants à des échelles très locales.

Pression des changements climatiques

Impacts: précipitations erratiques, désertification, fonte des glaciers et ses conséquences sur les débits

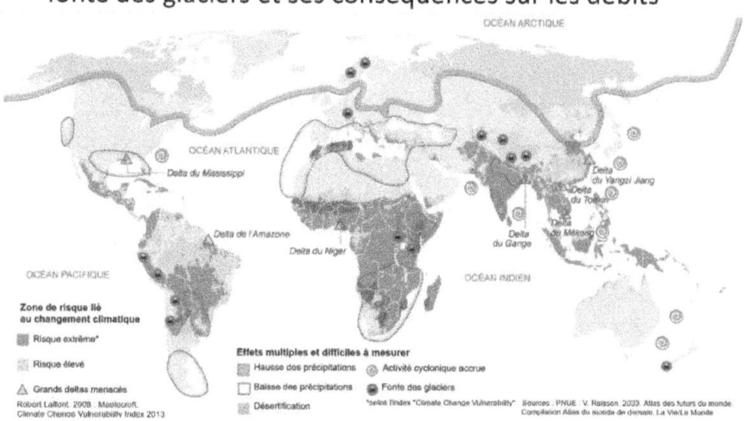

Et le troisième élément que l'on a moins abordé mais qui est critique à la fois pour les techniciens que nous sommes et pour les décideurs politiques et pour les juristes, c'est l'effet d'incertitude : le changement climatique remet en cause un certain nombre de données statistiques et de modèles, et complique les choix de dimensionnement d'ouvrages en matière d'infrastructures, complique un certain nombre de choix de politiques publiques ; vous voyez que la carte illustre de façon différenciée selon les parties du monde les effets que l'on peut voir.

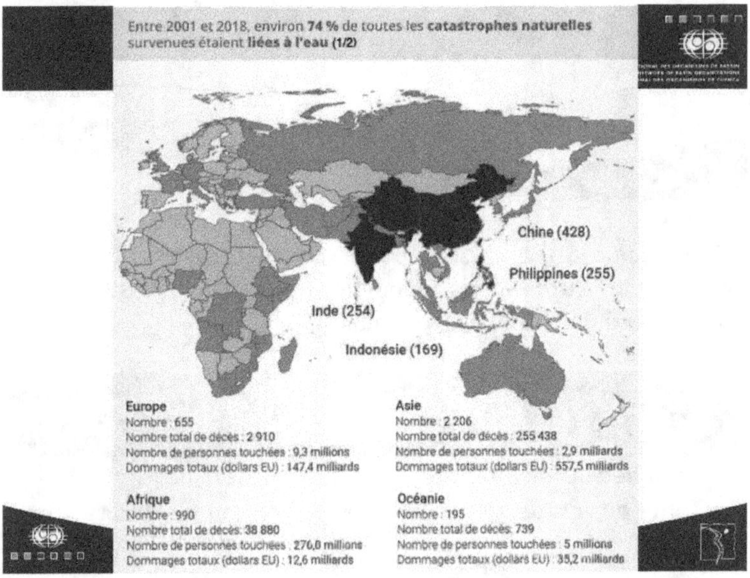

La diapo suivante montre justement ce que j'indiquais à l'instant : fréquence accrue des inondations et des précipitations externes, vous le voyez ici depuis les années 80.

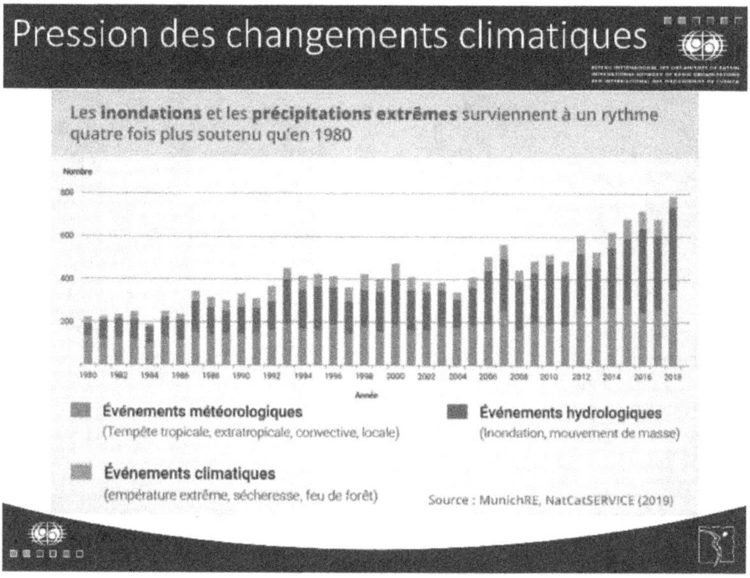

A l'échelle d'une partie du monde, en termes de catastrophes naturelles, l'eau est très souvent l'un des acteurs : 74%, c'est le chiffre. Cet impact est extrêmement important sur les populations, y compris en Europe :

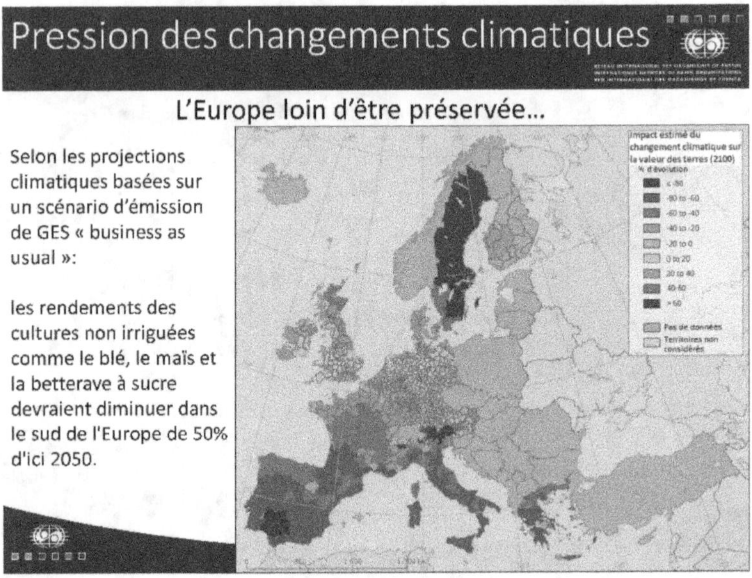

vous voyez sur cette carte que l'Europe n'est pas préservée, nous avons désormais des projections climatiques et un constat d'évènements de raréfaction de la ressource ou d'évènements extrêmes qui montrent que le changement climatique c'est aujourd'hui, c'est maintenant de façon concrète sur nos territoires.

Diapo suivante, pour changer un peu de géographie : un pays que nous connaissons bien, à l'OIEAU et au RIOBS, le Maroc observe sur des tendances des effets extrêmement concrets en température, en raréfaction de la ressource en eau sur une géographie qui n'était pas forcément riche au départ, donc vous imaginez la complexité de redéfinir un certain nombre de politiques publiques, de réguler un certain nombre d'usages dans un contexte comme le Maroc.

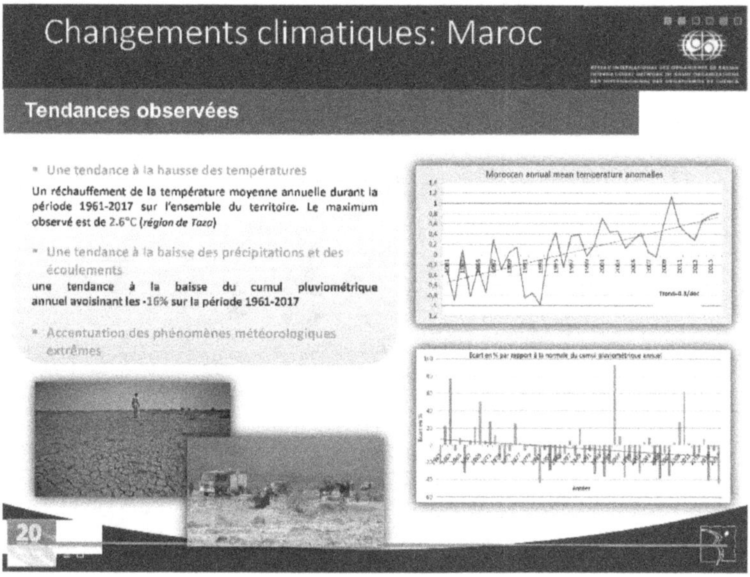

Sur la diapo suivante, on peut reparler de la France : ce sont les prédictions scientifiques officielles, si j'ose dire, et vous voyez, avec les couleurs violettes ou rouges, les rivières françaises sur lesquelles on s'attend à des modifications de débits de plusieurs dizaines de pourcents à l'horizon 2050. Donc ce n'est pas anodin sur la France, ce n'est pas anodin en particulier sur un bassin comme Adour-Garonne, avec du coup des réflexions nécessaires sur l'évaluation de cet impact et sur les réactions possibles en termes de politiques publiques, de régulation des usages et les coûts associés à ces modifications.

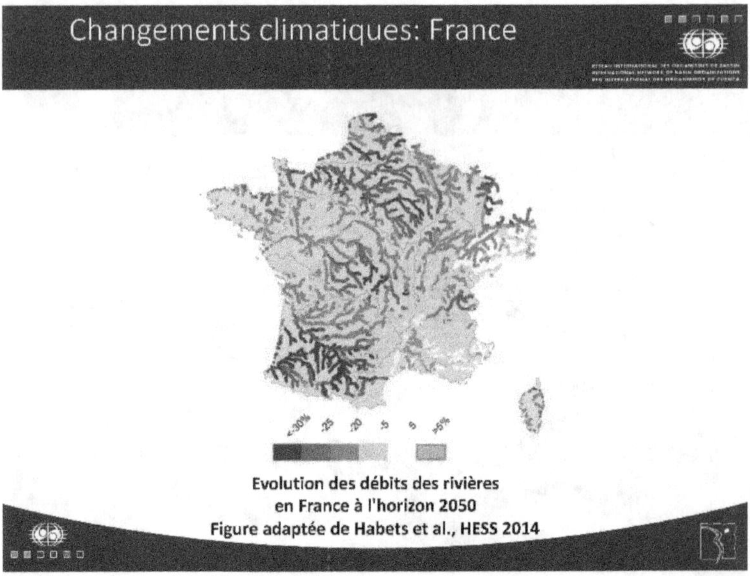

Diapo suivante, voilà un exemple pour le bassin Adour-Garonne d'orientation stratégique, et on voit bien que certaines mesures sont à prendre selon les usages ;

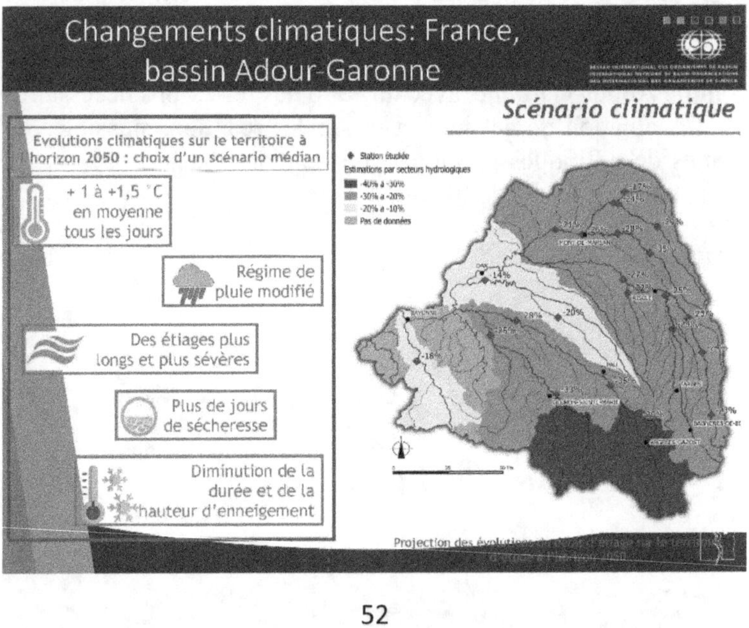

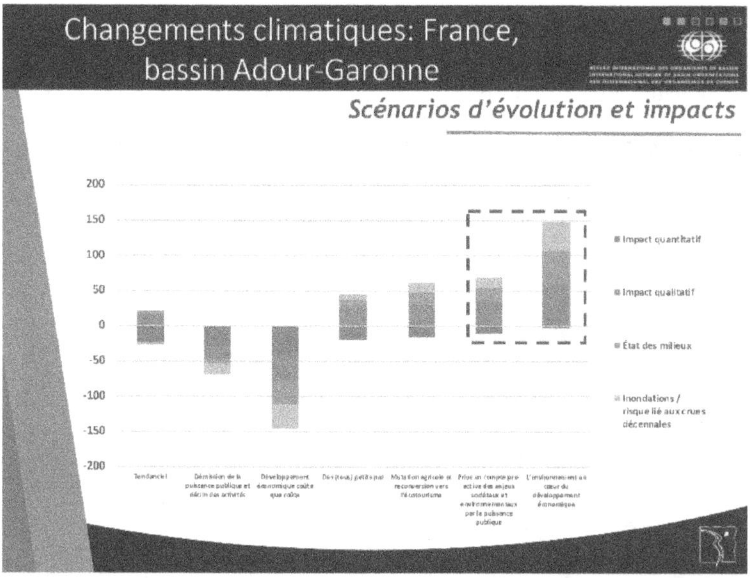

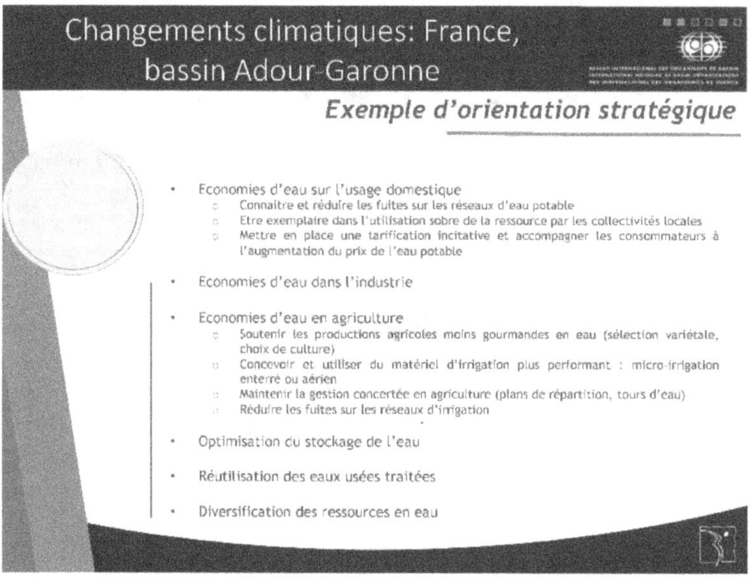

si je passe à un autre bassin français qui est « Seine-Normandie », l'on retrouve un certain nombre de sujets semblables, sur un bassin particulier puisqu'il héberge la région capitale française avec une singularité urbaine massive qui a un impact fort en termes de ressources en eau, et qui se regarde à une échelle beaucoup plus large que celle de l'aire urbaine.

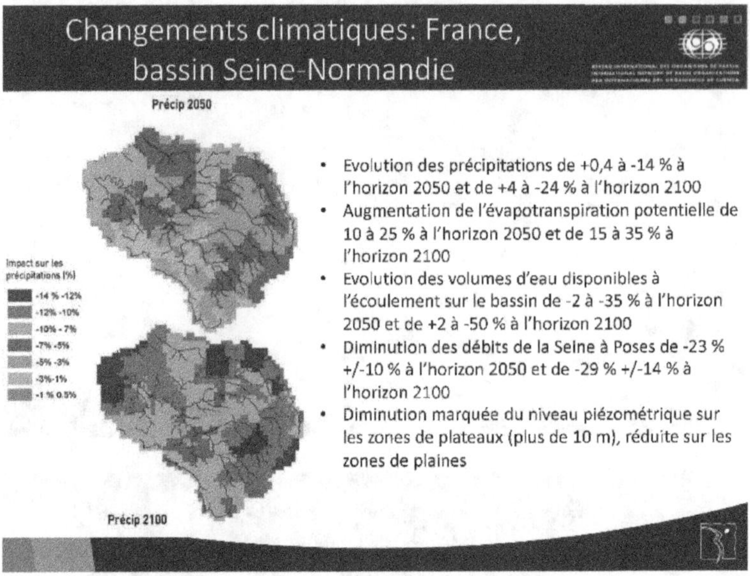

C'est vrai dans d'autres pays, l'exemple brésilien qui illustre particulièrement les aspects d'évènements extrêmes (fortes sècheresses d'un côté, régime d'inondations de l'autre), et donc il y a des enjeux importants : comment bien s'adapter, quelles mesures prendre « sans regret », comme on dit généralement, et il y a des enjeux de modifications règlementaires, de choix d'investissements de planifications, qui engagent aussi la recherche. C'est important de se dire tous les sujets qui sont partagés par différentes régions du globe, de partager, y compris sur les solutions (technologiques, de gouvernance…) à mettre en place.

Deuxième point, sur les enjeux urbains :

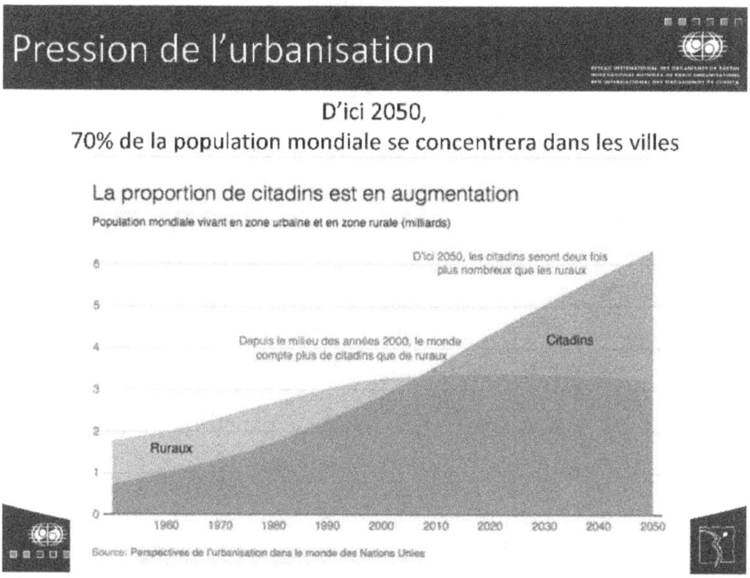

à différentes échelles, les responsables politiques l'ont illustré tout à l'heure, nous avons dépassé la moitié de la population mondiale dans les villes, 70% à l'horizon 2050. C'est un enjeu particulier pour la gestion de l'eau ; la singularité urbaine pour la gestion de l'eau pose des questions spécifiques avec différents types de pressions, que vous voyez là illustrées de façon dramatique : l'alimentation en eau potable, mais aussi les rejets d'eaux usées, la gestion de la pollution en ville, avec toutes les interactions entre les pollutions liquides et les pollutions solides.

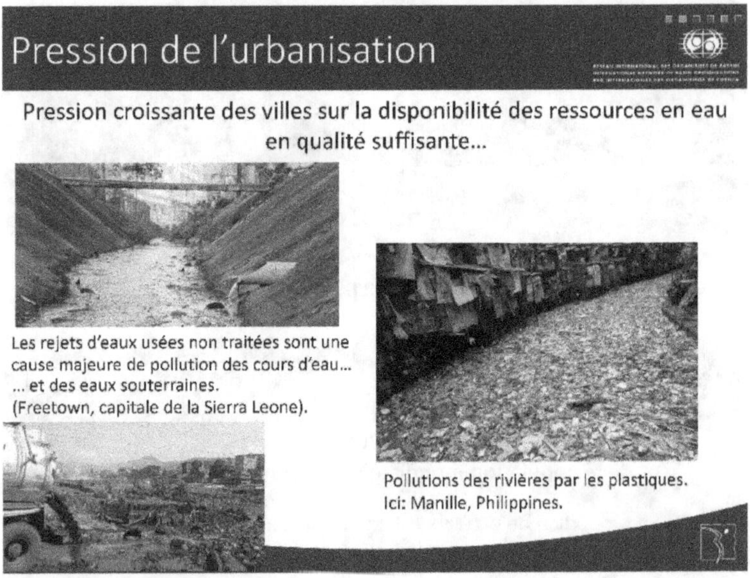

Les cours d'eau, en particulier, véhiculent dans un grand nombre de géographies des déchets solides, et cela a un impact sur l'eau douce et sur les océans, les pollutions plastiques des océans arrivent par les rivières. On peut voir sur cette carte que ce sujet est massif (la disponibilité de l'eau dans les villes, cette pression de l'urbanisation) ;

diapo suivante,

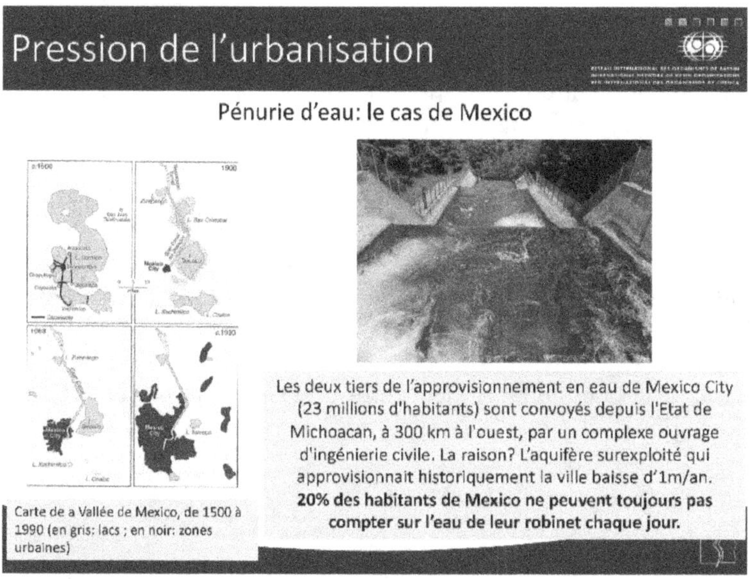

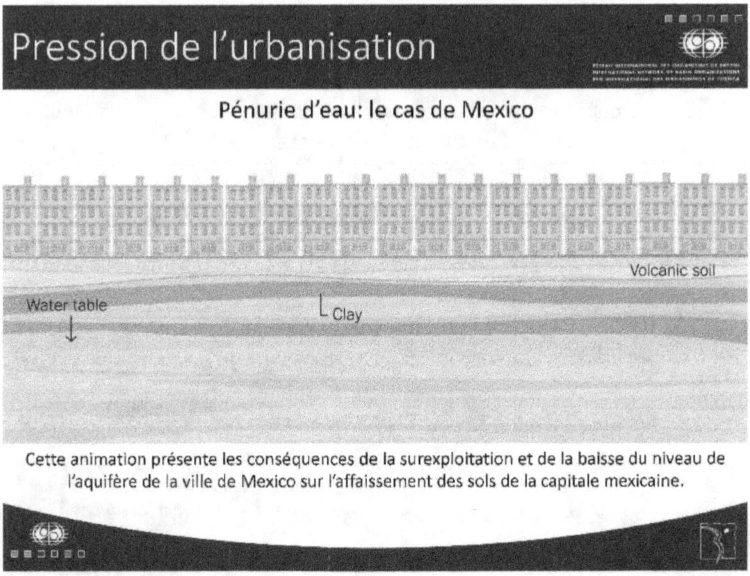

avec un petit cas intéressant, celui de Mexico : une ville de 40 et quelques millions d'habitants à l'origine construite sur un lac (il faut se rappeler l'histoire avec des enjeux massifs d'approvisionnement en eau). Le cas de Mexico montre bien l'interaction entre l'utilisation massive de la ressource en eau et l'urbanisme. L'animation de la diapositive devrait vous montrer comment la ville se tasse : quand on utilise beaucoup l'eau souterraine, on modifie la géologie argileuse, le sol se tasse et, dans la ville de Mexico, certains bâtiments se sont enfoncés et décalés ; c'est directement lié à l'utilisation de la ressource en eau. C'est un sujet de réflexion que nous avons avec les responsables de services d'eau et d'assainissement qui sont regroupés au sein de l'IWA.
Troisième pression : le lien entre sécurité de l'eau et sécurité écologique.

Pressions, sécurité hydrique et... sécurité écologique!

Parmi d'autres, ces pressions dégradent les écosystèmes... dont nos société dépendent!

80 % des eaux usées sont rejetées dans l'environnement sans traitement (à 92 % dans le PVD, 30 % dans les pays plus riches)...

... avec des conséquences catastrophiques sur la faune et la flore aquatique...

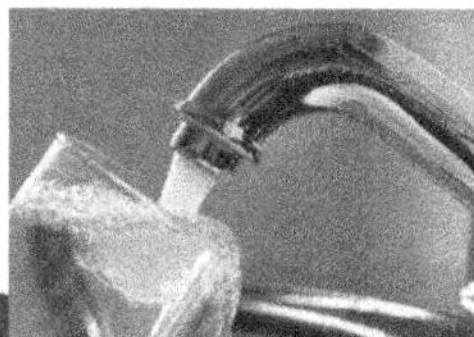

... mais aussi sur la capacité des pouvoirs publics à produire une eau potable sûre à un tarif acceptable!

Pressions, sécurité hydrique et... sécurité écologique!

Parmi d'autres, ces pressions dégradent les écosystèmes... dont nos société dépendent!

Les déchets plastiques que l'on retrouve en mer proviennent principalement de nos cours d'eau...

... avec des conséquences catastrophiques sur la faune et la flore aquatique...

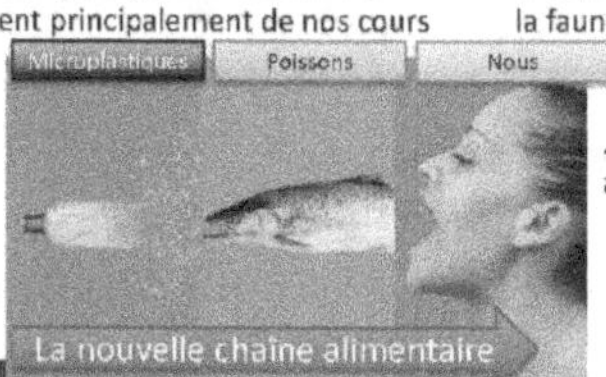

... mais aussi sur la qualité de notre alimentation.

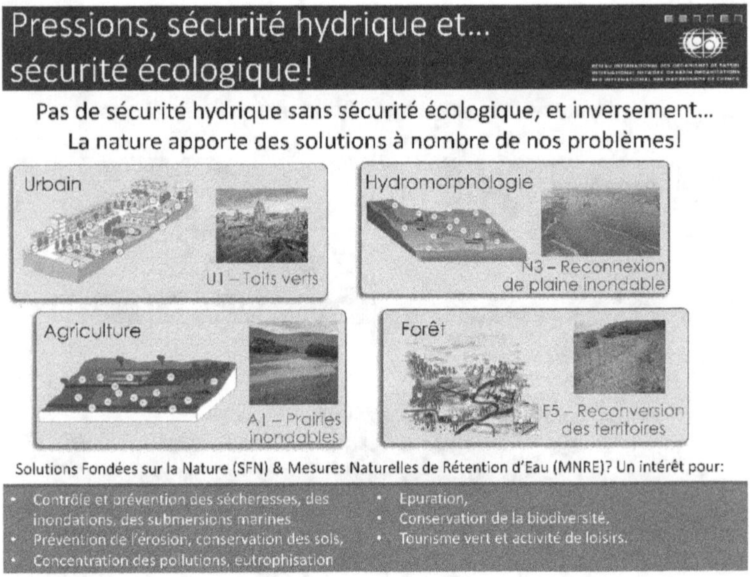

C'est quelque chose qui est documenté, de plus en plus compris, de plus en plus traduit (y compris dans les règlementations), et c'est l'un des vecteurs de l'évolution de la règlementation européenne. Les comportements que nous avons en matière d'utilisation de la ressource en eau ont un impact écologique, un impact sur les écosystèmes ce qui, en retour, va impacter négativement nos modes de vie, notre qualité de vie. C'est un point important de se redire ce besoin de cohérence entre un certain nombre de politiques publiques, entre la gestion des ressources en eau mais aussi l'encadrement règlementaire du développement agricole, du développement économique, qui conditionnent dans cet effet de boucle, dans cet effet de cycle, le niveau de qualité que l'on peut garantir. C'est un sujet sur lequel il existe des réflexions importantes, l'OIEAU y a modestement pris part, et des solutions existent : des solutions techniques (un certain nombre sont évoquées ici selon les milieux), pour justement faire en sorte que les choix techniques en matière de gestion de l'eau soient davantage respectueux des cycles et des milieux naturels, des écosystèmes, et de façon à ce que de manière plus souple, plus intégrée, moins contradictoire, nous puissions intégrer ces sujets.

Toutes les pressions que j'ai évoquées illustrent cette nécessité d'un dialogue, d'un *colloque* permanent (pour revenir à une étymologie plus latine et plus ouverte) entre différents types d'acteurs et différents types de territoire ; il faut rassembler les regards et les approches et construire la cohérence. Ma dernière diapo résume les trois messages, un peu simplistes sur ces trois choix de pression : le changement climatique, l'urbanisation et tous les modes de vie associés, et l'intégration entre gestion de la ressource en eau et gestion des écosystèmes aquatiques ; trois regards croisés, une illustration à géographie un peu large.

Michel Senimon
Merci beaucoup, nous avions beaucoup parlé de ces menaces, vous venez de les documenter, de donner des chiffres, et c'est important parce que cela nous donne de manière réelle l'impact du phénomène ; les choix que vous avez faits (le climat, l'urbanisation et la sécurité écologique) étaient pertinents.
Nous allons tenter de répondre aux questions qui nous remontent par le fil de discussion.
Première question : « *Comment se coordonnent les différents acteurs publics (agglo, ville, département), dans la distribution en eau auprès des citoyens ?* »
C'est une très bonne question qui est au cœur de la prochaine séquence : la gouvernance de l'eau, la multiplicité des acteurs. Sur le Limousin, il semble y avoir une prise de conscience collective des décideurs publics, mais cette gouvernance n'est-elle pas aujourd'hui un peu compliquée ?

Eric Tardieu
Oui, on l'a déjà évoqué notamment à travers l'organisation française des comités de bassins : c'est exactement l'objectif de ces comités, à l'échelle naturelle des bassins hydrographiques, de réunir les acteurs publics, et les différents niveaux nationaux, régionaux et locaux sont réunis dans ces comités de bassins à côté des représentants des utilisateurs (l'agriculture, l'industrie, les municipalités), sont présents dans ces comités de bassins avec un rôle important, puisqu'il s'agit de planifier des investissements

et de gérer des ressources financières qui sont au cœur de la capacité d'action.

Michel Senimon
La question 2 enchaîne bien : *Y a-t-il une uniformisation de la ressource en eau à l'échelle européenne, ou chaque pays gère-t-il cette ressource ?*

Eric Tardieu
La réponse est plutôt oui, notamment depuis la Directive Cadre européenne qui précise un grand nombre d'objectifs-cadres pour la gestion de la ressource en eau en commun à tous les pays européens ; elle donne notamment un objectif politique extrêmement fort et ambitieux qui est de préserver le bon état écologique des ressources en eau à l'échelle européenne, et qui promeut également cette notion de *district géographique*, donc la gestion par bassin. Donc les grands principes sont communs à tous les pays européens, mais c'est une directive, que chaque Etat doit transposer ; donc chaque pays a ses modalités propres pour décliner ces principes.

Michel Senimon
Troisième question, *comment intégrer les citoyens dans la gouvernance et leur faire prendre conscience des enjeux ?*

Jean-Emmanuel Gilbert
Directeur Développement de la société Aquassay
Il y a un point très important que l'on a constaté dans le cadre de notre activité chez Aquassey ces dernières années, c'est que l'eau est un thème très fédérateur parmi les questions environnementales. Par exemple, il est très difficile d'aller voir quelqu'un qui n'est pas du domaine et de lui demander ce que c'est qu'une tonne de carbone, parce qu'il va falloir réduire la tonne de carbone. Moi, une tonne de carbone, je ne sais pas à quoi ça correspond ; alors que l'eau, c'est quelque chose qui est quotidien, l'humain a un lien a l'eau qui est extrêmement fort. Donc créer une dynamique autour de l'eau est beaucoup plus facile que de partir de certains critères, qui sont par exemple la tonne de carbone, pour prendre un exemple un peu opposé. Ce ne

sont pas des choses seulement théoriques, mais qui ont été constatées : nous avons eu, parmi nos clients, des grands groupes qui font régulièrement, par exemple tous les semestres, des questionnaires environnementaux auprès de leurs propres salariés ; ils avaient remarqué que le taux de retour sur ces questionnaires, quand on parle des déchets, du transport, de l'énergie, de la tonne carbone, va osciller entre 50-60% alors que, quand on pose une question sur l'eau, il monte à 80-90%. Parce que l'eau est un vrai sujet quotidien, avec lequel on a un vrai lien : le sujet de l'eau polluée, par exemple, fait tout de suite réagir. Ce que l'on a donc proposé à ce genre d'interlocuteurs c'est, pour débuter une démarche environnementale, de commencer par l'eau, car cela met en place toute une dynamique de réflexion ; on le voit avec les questions de la gouvernance, ce n'est pas seulement une question administrative où l'on dit quelle est la règle : il faut entraîner les différents acteurs, qui ont eux aussi des objectifs légitimes (on a parlé tout à l'heure de l'agriculture et de l'industrie). La question est de savoir comment maintenant, face à un monde qui rentre en contrainte (ce que j'appelle la fin du monde « open bar »), on arrive à créer une dynamique positive.

Je ne suis pas inquiet sur cette partie-là, je pense qu'elle va se dérouler plutôt bien ; dans les aspects un peu pratiques, comment traduire cela dans la réalité, il peut y avoir un peu plus d'informations. Il y a un petit jeu auquel je m'amuse de temps à autres, c'est de dire à peu près à n'importe qui que je rencontre : est-ce que vous savez d'où vient votre eau potable ? Pas grand monde sait répondre. Où vont vos eaux usées ? On n'en sait rien. Quelle est la profondeur de la Vienne ? Quelle est la profondeur de la Seine ? Alors que les gens sont à côté, plus personne n'est vraiment intéressé, il existe un premier enjeu : informer, sensibiliser. Un deuxième aspect existe, déjà testé sur les déchets : l'enseignement sur le tri des déchets a été fait sur les écoles ; on peut mettre en place des valises pédagogiques, et j'ai moi-même participé à des petits « festivals de l'eau » dédiés aux enfants, avec visite de la station d'épuration, qui avait été construite pour être visitée par les enfants. Toute une culture est à reprendre au niveau de l'eau.

Michel Senimon

On prend deux autres questions, une sur la création de retenues d'eau agricoles : observez-vous un changement de cap de l'Etat, comme des collectivités locales, par rapport à ces dernières années ?

Eric Tardieu

La réponse est globalement oui, notamment autour des aspects qui ont été évoqués pour Adour-Garonne : la priorité de continuité écologique des cours d'eau est désormais inscrite sur à peu près tous les bassins, donc cela a un impact sur le sujet.

Chapitre 1

Des modèles européens diversifiés de gouvernance et de gestion de l'eau :

fragmentation, intégration, coopération ?

Une gouvernance originale en France

Estelle WATEAU
Responsable du pôle « eau et assainissement » au CNFPT

L'objectif de la première séance thématique est de porter un regard sur une gouvernance originale en France. Monsieur Choisy l'a souligné tout à l'heure : nous avons 12 bassins versants, 7 en métropole et 5 en Outre-mer. Nous avons une grande pluralité d'acteurs en fonction des missions et des cycles de l'eau, des questions du petit cycle et du grand cycle (d'ailleurs, on peut se poser la question de parler encore du petit cycle et du grand cycle de l'eau).

Pour illustrer cette pluralité d'acteurs, en 2016, nous avions 21488 collectivités chargées de 32508 services publics d'eau potable, d'assainissement collectif et d'assainissement non collectif.

Au cours de cette séance, nous porterons un regard sur nos pays voisins, sur l'Europe, et nous avons de nombreuses questions, notamment celle du rôle des collectivités dans un contexte de montée en puissance des EPCI (les établissements publics de coopération intercommunale). Quel rôle pour les régions en tant que coordinateurs : est-ce que la création du comité de l'eau est une réponse à la problématique ? Quelle place pour les acteurs privés (l'information, la participation des citoyens) ? Le système français exemplaire, mais quels autres systèmes existent ? Est-ce que le système actuel de gestion est efficace : la surrèglementation, l'instabilité juridique, la pression fiscale font-elles une politique ? Nous aurons un focus sur la coopération entre des riverains pour la gestion des fleuves internationaux, avec l'exemple de la gestion de l'Escaut.

Beaucoup de choses ont déjà été dites ce matin ; j'ai listé quelques éléments de réflexion, quelques ingrédients pour une bonne recette de gestion intégrée des ressources en eau. Il y a notamment ces notions de bien commun pour l'eau mais aussi pour les océans ; il y a cette dualité public et privé ; il y a aussi cette interrogation : comment les sciences arrivent-elles à irriguer les politiques, donc le changement climatique, les notions de limites planétaires. On pourrait ajouter l'empreinte environnementale, chez nous, mais aussi l'empreinte environnementale dans les autres pays du monde ; on peut parler de résilience, de biodiversité, d'économie circulaire (le devenir des boues de station et des eaux usées) ; il sera aussi question de transition écologique énergétique ; on peut parler de la santé. On peut aussi parler de la solidarité : la solidarité amont-aval entre les villes, les territoires, les pays. Il peut être question de la participation citoyenne (notamment celle des jeunes et des enfants), de la culture (puisque chaque pays a une histoire particulière avec l'eau), de la place des arts (fortement meurtris avec le COVID), donc tous les domaines de la connaissance, l'information, la communication, la formation, tout ce qui est transmission et partage (la transmission de la connaissance d'un territoire des anciens vers les plus jeunes) ; on peut aussi parler de transition numérique, de l'émergence de nouveaux métiers ; vous pouvez continuer vous-mêmes cette liste, qui n'est pas du tout terminée.

Pour terminer mes propos, je vous propose une analogie avec le corps humain, d'après une émission formidable : *Notre corps, ce réseau social*, réalisée par Pierre-François Gaudry et diffusée sur la 5 en France. Il y est souligné qu'autrefois, il était admis que seul le cerveau dirigeait l'ensemble du corps, et que la science a démontré que les organes ont un langage : les os parlent au cerveau, les muscles discutent avec le système immunitaire, les reins dirigent le réseau sanguin ; en fait, chaque partie du corps participe activement à cet extraordinaire « réseau social », afin de coopérer, réagir et se mobiliser, notamment grâce à des messages électriques et chimiques ; qu'en est-il de la gouvernance de l'eau ?

Cette séance va s'organiser en deux parties : une première avec les rapporteurs et quatre présentations, puis des questions-réponses, et une deuxième partie avec une table ronde et quatre intervenants.

Gouvernance de l'eau et articulation entre les différents acteurs

Marie-Claire DOMONT
Adjointe du directeur territorial de l'agence de l'eau Adour-Garonne

Ma première diapositive présente la carte de l'ensemble des agences de l'eau en territoire métropolitain ; sans être redondante avec ce qu'a dit mon directeur général, Guillaume Choisy, vous avez là l'illustration des six territoires, des six grands bassins français qui ont été créés par la loi sur l'eau de 1964. Le modèle de gestion de l'eau français a fait des émules à travers la directive cadre sur l'eau. Certes, on a commencé en 1964, mais notre gouvernance, puisqu'à l'échelle de chacune des six agences il y a six Parlements de l'eau, six Comités de Bassins, est en constante évolution, en amélioration.

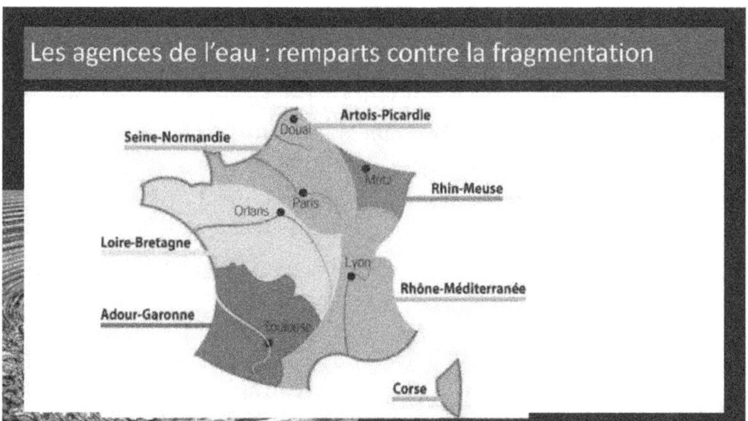

Sur la diapo suivante, il y a une autre façon de représenter notre bassin : vous voyez en violet le territoire de la région Nouvelle-Aquitaine, en jaune celui de l'Occitanie et en bleu celui de la région Rhône-Alpes. Notre territoire, c'est un cinquième de la France, plus de 7 millions d'habitants (majoritairement en zone rurale), vingt-six départements. Ces agences de l'eau, lorsqu'elles ont été créées, étaient assez avant-gardistes puisque c'était la décentralisation et la considération que la gestion de l'eau doit se faire en s'affranchissant des limites administratives. Ces agences de l'eau sont, en quelque sorte, des remparts à la fragmentation, à une vision très administrative de l'eau.

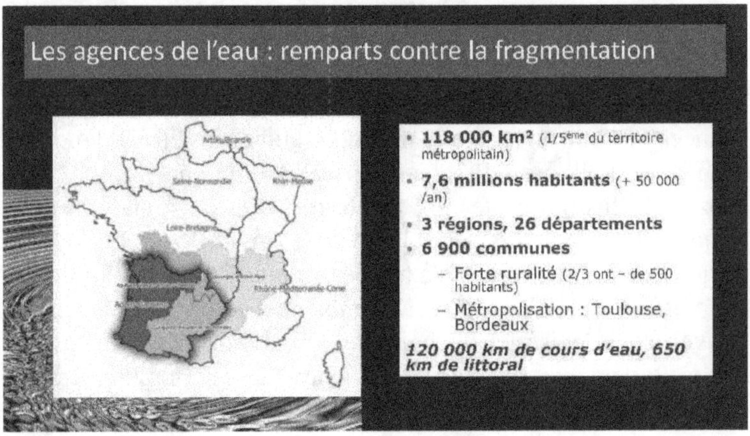

Je vous le disais, la gouvernance de la gestion de l'eau est en constante amélioration, même à l'heure actuelle : en janvier 2021, il va y avoir une nouvelle organisation du Comité de Bassins, avec le collège de l'Etat qui est minoritaire par rapport aux autres Collèges (Collège des usagers et Collège des collectivités) ; la nouveauté qui va être introduite en 2021 est qu'au sein du collège des usagers, les représentants des usagers non économiques seront à parts égales avec les représentants des usagers économiques. Donc il existe une évolution constante dans le temps sur la façon dont la gouvernance de l'eau est prise en compte, pour améliorer la représentation, par exemple, des associations au sein des Comités de Bassins, améliorer la représentation de l'agriculture biologique, des usages non économiques aussi, comme les pêcheurs, les activités de pêche professionnelle et non professionnelle en eau douce ; toutes ces évolutions ont permis d'améliorer cette gouvernance de l'eau à l'échelle du grand bassin.

Nous avons des échelles plus locales, que vous connaissez sûrement : ce sont les schémas d'aménagement et de gestion des eaux. L'idée est que l'on a, en France, une gouvernance de l'eau avec des poupées gigognes, les fameuses « poupées russes » : à l'échelle de chaque grand bassin, nous avons des Schémas Directeurs d'Aménagement et de Gestion des Eaux qui nous donnent nos objectifs à atteindre (on a l'objectif ambitieux d'atteindre 100% de bon état en 2027 ; notre Directeur Général a demandé si l'on pourrait l'atteindre, cela n'est pas forcément évident) et, de manière plus locale, à l'échelle de bassins plus petits, des Schémas d'Aménagement et de Gestion des Eaux qui sont élaborés avec, à la clef, comme gouvernance, des commissions locales de l'eau (ce sont les petits Parlements de l'Eau locaux).

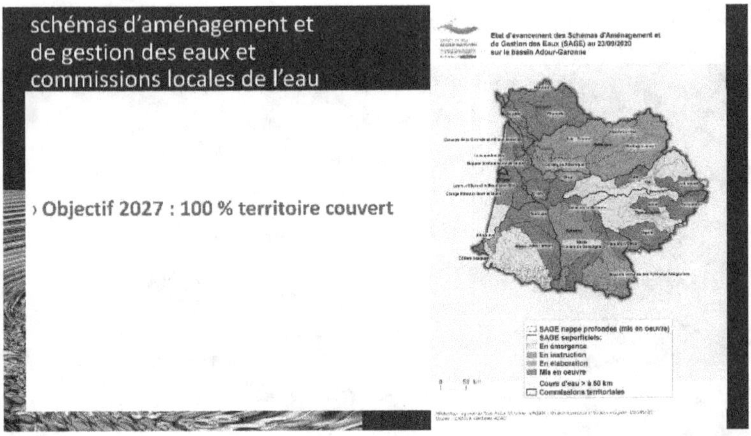

Cette nouvelle diapo illustre le territoire du Bassin Adour-Garonne avec différents territoires de commissions territoriales (par exemple l'Adour, la Dordogne, le Lot, la Garonne).

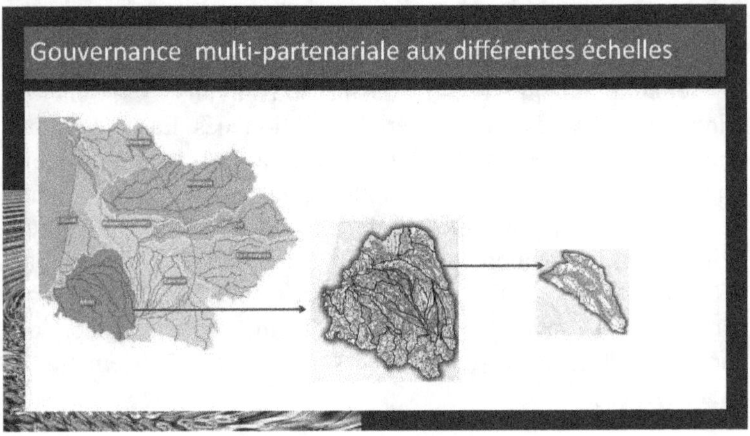

Sur chacun de ces grands bassins, il existe des commissions territoriales et, la grande nouveauté, c'est qu'à l'échelle de ces commissions territoriales, une stratégie territoriale est en cours d'élaboration : stratégie pour relever le défi de l'atteinte du bon état des eaux, et aussi de la bonne préparation au changement climatique. Chaque territoire est ainsi en train d'étudier, ou a étudié, ces schémas prospectifs à l'horizon 2050 pour se préparer au changement climatique. Nous avons des échelles plus locales,

et on descend jusqu'à des Bassins de Gestion Elémentaires (il y en a plus de 140 sur notre bassin Adour-Garonne) et, à chaque échelle, il existe des niveaux de coopération très fins entre les collectivités, les services de l'Etat, l'agence de l'eau. Nous avons ainsi un maillage très fin, où l'on descend de plus en plus pour être opérationnels et, concrètement, mettre en œuvre le Schéma Directeur d'Aménagement et de Gestion des Eaux ou les SAGEs (Schémas d'Aménagement et de Gestion des Eaux), lorsqu'ils existent, pour veiller et faire en sorte que l'on atteigne les objectifs et que l'on se prépare au changement climatique.
Pour atteindre ces objectifs, nous coopérons avec les collectivités qui sont les chevilles ouvrières de la gestion de l'eau sur le territoire ; sur le bassin Adour-Garonne, 90% de notre territoire est couvert par des structures gestionnaires de l'eau ; un effort considérable a donc été fait grâce à notre forte incitation financière pour que la gestion de l'eau se fasse au plus près et à l'échelle des Bassins.
Je voulais insister sur la nécessité, pour une bonne gestion de l'eau, d'intégrer les acteurs de l'eau et de l'urbanisme. Nous avons actualisé récemment un guide sur l'eau et l'urbanisme, qui est disponible au téléchargement sur notre site Internet. Il y a un rapprochement et une coopération très forts à effectuer entre les acteurs de l'eau et ceux de l'urbanisme, pour vraiment intégrer les politiques de l'eau dans les politiques de développement des territoires, et que ces acteurs se parlent. On finance notamment en Gironde la mission Aménag'Eau, portée par le Conseil Départemental de la Gironde.
Je voulais aussi attirer l'attention sur le fait que nous avons un partenariat avec l'Office International de l'Eau, pour inciter les collectivités à désimperméabiliser. C'est un axe très fort de notre 11ème programme, qui mérite d'être encore déployé.
Nous avons, et je voulais rebondir sur ce qu'a pu dire mon Directeur Général, des politiques très intégrées, multithématiques ; sur tous nos captages prioritaires d'alimentation en eau potable, nous mettons en place des plans d'action territoriaux et, sur ces plans d'actions territoriaux, qui sont multithématiques, nous essayons de faire en sorte de développer des filières. Il y a donc un travail avec les filières économiques, et un appel à projets vient d'être lancé pour

favoriser le déploiement de nouvelles filières à bas niveau d'impact pour limiter la pression en nitrates et en produits phytosanitaires, ce qui est un enjeu majeur sur notre territoire.
A titre d'exemple de travail collaboratif que l'on peut faire avec tous nos partenaires techniques, je souhaite citer le dernier état des lieux pour le troisième cycle de révision du schéma directeur d'aménagement et de gestion des eaux. Pour réaliser cet état des lieux, 600 personnes ont été consultées, 12000 avis ont été recueillis. Nous accordons beaucoup d'importance au travail collaboratif et, effectivement, nous fonctionnons de manière organique, nous sommes tous interconnectés et, si nous agissons tous ensemble (services de l'Etat, établissements publics, collectivités, partenaires financiers, régions, Caisse des Dépôts), nous arriverons à relever le défi du changement climatique et du bon état.
Un dernier mot, parce que la coopération se fait aussi à l'international, un appel à projets vient de sortir pour inciter les collectivités en ce domaine : on peut aider jusqu'à 85% pour des projets de coopération internationale avec les pays du Sud qui manquent cruellement d'eau.

Quels modes de gestion des services d'eau en Pologne ?

Klara RAMM
Présidente de la commission sur les affaires économiques et juridiques
Représentante de la Pologne au sein de l'assemblée générale d'Eureau

Je représente le secteur « Eau » en Pologne, mais surtout aussi en Europe parce que je suis membre d'Eureau, une association européenne des services d'eau et d'assainissement.

Qu'est-ce que l'on peut dire des services d'eau ? Ce sont des services d'intérêt général économique ; ce sont des services essentiels pour la vie humaine : ils soutiennent le développement durable de nos sociétés et sont fondamentaux pour réaliser le développement durable des Nations Unies.

La définition des services d'eau varie selon les pays mais, conformément à la « Directive-cadre », qui a déjà été mentionnée, ce sont les services d'eau potable et d'assainissement et il arrive que, dans quelques pays, ce soient des responsabilités d'eau de pluie ou la récupération de l'eau. Les services d'eau sont règlementés au niveau de l'Union européenne ; nous avons cette « Directive-Cadre », et nous avons aussi deux directives essentielles pour le secteur : la directive sur le traitement des eaux urbaines et celle sur la qualité des eaux destinées à la consommation humaine.

On en sait peu sur les services d'eau. Ceci est dû au fait que l'infrastructure est principalement souterraine, accessible uniquement à quelques ingénieurs du service, et aussi parce qu'elle est parfois située loin des zones urbaines et protégée pour des questions de sécurité. L'eau se rappelle elle-même quand elle manque et qu'il y a une panne.

La gouvernance des services d'eau est une compétence nationale ; mais, à titre de simplification, on peut distinguer quatre modèles généraux de la gestion de la gouvernance de l'eau. La **gestion publique directe** : dans ce système, l'institution locale publique, par exemple la commune, est entièrement en charge des services et de la gestion ; dans le passé, ce système était prédominant en Europe. La **gestion publique déléguée** : dans ce système, une entité de gestion des services, désignée par l'institution publique, devient responsable pour exécuter les tâches de gestion ; l'infrastructure reste toujours la propriété de l'institution publique, même si, dans quelques membres de l'Union Européenne, il y a la possibilité d'une participation privée mineure. Le troisième modèle est la **gestion privée déléguée :** dans ce système, l'institution publique nomme une entreprise privée pour gérer les tâches sur la base d'un contrat à durée déterminée sous forme de bail aux deux contrats de concession ; la propriété de l'infrastructure reste entre les mains des autorités publiques. Enfin, la **gestion privée directe** : sous ce système, toutes les tâches de gestion, la responsabilité et la propriété des services d'eau sont confiées à des opérateurs, surtout privés, tandis que les entités publiques limitent leurs activités au contrôle et à la régulation ; ce système est en place dans peu de pays européens, par exemple, en Angleterre, au Pays de Galle ou en République Tchèque.

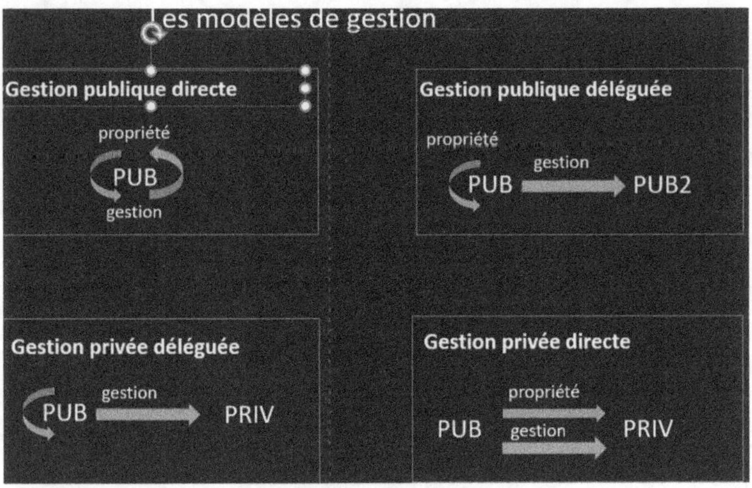

Ces quatre modèles sont la simplification d'une situation plus complexe, différente dans les pays membres : les modèles qui sont entre public et privé diffèrent et, dans la majorité des pays, il existe un mélange des trois premiers modèles, par rapport à une tendance générale d'il y a vingt ans vers la gestion déléguée publique et privée.

L'efficacité des services dépend largement de la qualité de la coopération des entités, de la qualité des dispositions du contrat entre la commune et les autres entités. Beaucoup dépend des responsabilités : qui prend quelle responsabilité, de l'exploitation, mais aussi du capital et du risque financier ? Evidemment, il n'existe pas de solution parfaite.

Publique directe	Publique deleguee	Privee delegue	Privee directe	Regulator taryf
Autriche	Autriche			gouvernement local
Belgique	Belgique			régulateur régional
Bulgarie	Bulgarie	Bulgarie		régulateur régional
Croatie		Croatie		gouvernement local
Chypre				plusieurs niveaux, CdM
	Rép. Tchèque	Rép Tchèque		gouvernement local
Danemark	Danemark			gouvernement local
Estonie			Estonie	régulateur régional
Finlande	Finlande			gouvernement local
France		France		gouvernement local
	Grèce			gouvernement local /4 minist.
Espagne	Espagne	Hiszpania		gouvernement local/régional
Pays-Bas	Pays-Bas			gouvernement local
	Irlande			-
Luxembourg				gouvernement local i ministr.
	Malte			régulateur régional
Allemagne	Allemagne	Allemagne		gouvernement local
Norvège				gouvernement local
Pologne	Pologne	Pologne		régulateur central
Portugal	Portugal	Portugal		régulateur central
Roumanie	Roumanie	Roumanie		régulateur central
Serbie	Serbie			gouvernement local
	Slovaquie	Slovaquie		gouvernement local
Slovénie	Slovénie	Slovenie		gouvernement local
Suisse	Suisse	Suisse	Suisse	gouvernement local
Suède	Suède			gouvernement local
Hongrie	Hongrie	Hongrie		régulateur central
Italie	Italie	Italie	Italie	régulateur central
	Grande Bretagne		Grande Bretagne	régulateur central

Ce tableau présente les modèles de gestion les plus courants dans les différents pays de l'Union Européenne : comme vous pouvez le voir, les solutions sont mitigées ; des pays sont très attachés aux solutions publiques : la commune est propriétaire et gestionnaire des services, comme en Allemagne et en Hollande ; il existe des pays avec une grande diversification, comme la République Tchèque, la France, la Suisse, la Pologne. Un modèle spécial est applicable en Grande Bretagne, Angleterre et au Pays de Galle où le service a été privatisé à 100% ; c'est évidemment exceptionnel. Quel que soit le modèle de gouvernance choisi par un pays ou une région, les responsabilités et le flot d'informations doivent être clairement définis, c'est l'essentiel :

c'est indispensable à la bonne gouvernance, ce qui en soit est une condition préalable de services durables et de haute qualité (c'est le partage des tâches et des responsabilités qui est essentiel).
Les services d'eau envisagent le long terme lors de la planification et de la construction. On parle notamment de la planification qui dure plus de cinquante ans : nous devons équilibrer une approche à long terme, avec un nouveau niveau de flexibilité, permettant à l'infrastructure d'être réactive, de s'adapter à un environnement en évolution rapide, au changement climatique et aux nouveaux défis. Les tarifs sont alors essentiels, le prix que le consommateur paie pour les services d'eau doit trouver un juste équilibre entre la qualité des services et leur durabilité ; le recouvrement des coûts des services d'eau nous permet de faire le nécessaire investissement afin de renouveler l'infrastructure. Le tarif de l'eau contribue à la récupération des coûts un peu partout en Europe mais les coûts de certains pays doivent encore être couverts par une combinaison de tarifs transfert et taxes. C'est le modèle le plus populaire en Europe, c'est-à-dire que tous les services ne sont pas couverts par les tarifs, mais l'on a besoin aussi des taxes et des transferts de fonds européens (par exemple, en Pologne, c'est le fonds de cohésion). Cependant, si le prix des services d'eau est maintenu artificiellement bas, les coûts d'entretien de l'infrastructure doivent être couverts par des taxes, ou être reportés, ce qui est très dangereux et qui a une répercussion sur la qualité des services. Par conséquent, l'implication d'acteurs privés compétents peut être une bonne solution, surtout quand la commune manque de compétence ou de capital pour investir et maintenir l'infrastructure.
Comme je l'ai dit, il n'y a pas de solution parfaite. Cependant, en raison de l'énorme investissement nécessaire pour maintenir l'infrastructure et les services, la possibilité d'introduire la concurrence devrait être envisagée ; c'est souvent une bonne solution (pas partout cependant), parce que, dans ce cas, la municipalité doit retenir la seule fonction de contrôle. Souvent, la commune s'efforce de baisser les tarifs, même au prix d'un financement insuffisant des infrastructures, alors que la société privée a souvent une compétence technique plus élevée et centrée uniquement sur le service (elle n'a pas d'autre tâche). Cependant,

un conflit d'intérêt peut souvent apparaître entre la commune et l'entité privée, surtout quand on discute les tarifs.
Alors il faut considérer la possibilité d'inviter les partenaires privés dans le secteur, et entrer dans le partenariat public-privé. Evidemment, tout dépend des conditions locales : il n'y a pas de solution parfaite, mais tout dépend du partage des responsabilités, ce qui est essentiel.

Michel Senimon

Je vous remercie, madame la présidente Ramm, de cette intervention particulièrement éclairante car le panorama que vous avez dressé des modèles de gestion de ce service d'intérêt économique général qu'est la gestion de l'eau était très important, et, surtout, ce qui était très intéressant, c'était votre tableau de répartition des modèles sur l'ensemble des pays de l'Union. Cette typologie de choix entre les différents systèmes de gestion, en fonction notamment du régime juridique ou du mode d'administration public dans les différents Etats, est éclairante. Vous avez bien fait d'insister sur les conséquences de ce mode de gestion sur la structuration et la régulation du prix de l'eau et, au final, la qualité du service.

L'originalité des agences de l'eau aux Pays-Bas

Valérie LE GALLOU
Gestionnaire à l'office des eaux de Rhénanie,
Membre du projet « Blue Deal » aux Pays-Bas

Merci de m'offrir la possibilité de présenter le système néerlandais, pays où je travaille actuellement. Je suis cependant originaire de Limoges où j'ai fait mes études d'ingénieur à l'ENSIL ; j'aurais donc été sur un plateau « live » à Limoges avec grand plaisir. J'ai un parcours professionnel en France, j'ai travaillé pour différents bureaux d'étude, pour l'agence de l'eau Adour-Garonne, et pour la Communauté Urbaine de Bordeaux, principalement dans le domaine de l'assainissement. Depuis quinze ans, je suis expatriée aux Pays-Bas, où j'ai travaillé comme cheffe de projet et aujourd'hui comme cheffe d'équipe dans le domaine de la maintenance de toutes nos infrastructures, pour une Agence de l'eau aux Pays-Bas (Hoogheemraadschap van Rijnland).

Ma présentation va donc se pencher sur la gestion de l'eau intégrée aux Pays-Bas, et ceci au travers de trois thèmes :

- Tout d'abord, on ne peut pas parler de l'eau aux Pays-Bas sans parler du <u>contexte géographique</u> spécifique de ce pays et de son influence sur la culture de toute la population;
- Ensuite je vous présenterai les <u>acteurs principaux dans le domaine de l'eau</u> et leurs rôles respectifs;
- Puis, nous jetterons ensemble un petit regard vers le <u>futur</u>, avec les grandes lignes de développement dans la gestion de l'eau pour les décennies à venir.

<u>Le contexte géographique.</u> Il y a quatre grands bassins versants aux Pays-Bas, dont ceux du Rhin et de la Meuse ; mais ce qui est vraiment caractéristique des Pays-Bas, c'est le fait que toute une partie du pays se situe au-dessous du niveau de la mer. On dit

parfois : « Dieu a créé le monde, et les Néerlandais ont créé les Pays-Bas ». C'est littéralement vrai dans la mesure où toute une partie du territoire a été gagnée sur la mer et doit en permanence être protégée contre elle. Et, ce qui est surprenant, c'est que l'équivalent de la région parisienne des Pays-Bas (entre Amsterdam, La Haye et Utrecht) se trouve justement dans ces zones bleues, donc en dessous du niveau de la mer et doit être protégée en permanence.
Ce contexte géographique a une très grande influence sur la culture aux Pays-Bas. L'eau a toujours été simultanément un ami et un ennemi, et cela a façonné la manière de travailler aux Pays-Bas : les agences de l'eau sont les plus anciennes formes de démocratie dans le pays. Cela a commencé à l'échelle des polders, c'est-à-dire de surfaces de terres de quelques kilomètres carrés, où les propriétaires terriens se regroupaient pour protéger leurs terrains contre les inondations, pour acheminer l'eau par tout un système de canaux vers les endroits où il y en avait besoin. L'organisation publique a donc, dès le départ, été organisée autour de l'eau, et cela a eu une grosse influence sur la culture du pays. On appelle cela le « polder model » : c'est-à-dire le fait que les gens sont habitués à toujours trouver un compromis autour de l'intérêt général. Parce que si on ne le faisait pas à l'intérieur d'un polder, à ce moment-là il y avait des inondations, l'eau n'arrivait pas à l'endroit où l'on voulait, et c'était la catastrophe. La culture du dialogue est donc très forte, et je choisirais la comparaison avec la nomination d'un nouveau pape pour illustrer mon propos. On se regroupe, on discute longtemps et on ne s'arrête que lorsque la fumée blanche, comme au Vatican, sort par la cheminée signifiant que l'on a trouvé une solution commune, et cette manière de travailler est centrale dans la culture des Pays-Bas.

Je vais maintenant passer à l'aspect structurel avec les différents acteurs du secteur. Un petit peu comme dans tous les pays, on a un niveau d'organisation national, un système de régions et de communes, et puis on a aux Pays-Bas ces Autorités Régionales / Agences de l'Eau (nommées waterschap ou hoogheemraadschap, selon si elles sont en bord de mer ou à l'intérieur du pays), qui sont une sorte de mélange entre les Agences de l'Eau françaises

et les EPCI. Elles fusionnent deux types de responsabilités : la mise en place d'une politique de l'eau et la gestion concrète des infrastructures. La gestion de l'eau potable un peu à part, parce qu'aux Pays-Bas, c'est (pour l'instant) un secteur indépendant, qui est géré par des entreprises semi-publiques dédiées.
Je vais maintenant vous parler en particulier de ces autorités régionales de l'eau. Cela a donc commencé par la gestion des polders. Le graphique que vous voyez correspond à l'évolution du nombre d'Agences de l'Eau dans les dernières décennies. Dans les années 50, il est encore de l'ordre de 2500 à l'échelle des polders. Avec l'arrivée de la Directive-Cadre sur l'eau, le système s'est rationalisé, et on compte aujourd'hui 21 Agences de l'Eau.
La question qui pourrait être posée est : « pourquoi ne pas descendre au niveau d'un bassin versant ? ». Cela s'explique par le fait que ces Agences de l'eau ne sont pas seulement responsables de la politique de gestion de l'eau, mais aussi de la réalisation et de la gestion des infrastructures. Elles ont donc besoin d'une représentation locale. Comme les Agences de l'Eau françaises, elles ont un système propre de financement, organisent leurs propres élections, avec dans le conseil des représentants des différents types d'usagers (particuliers, agricoles et industriels).
Je vais prendre l'exemple de l'Agence de l'eau pour laquelle je travaille, qui s'appelle le Hoogheemraadschap van Rijnland et dont le slogan est : « une eau propre et les pieds au sec ». « Les pieds au sec », simplement parce que nous sommes protégés des inondations par tout un système qui est primordial, étant donné que le niveau de la mer est plus haut que notre territoire. La protection contre les inondations est vraiment une préoccupation de tous les jours. A l'inverse, toute l'eau de pluie qui tombe sur notre territoire doit être évacuée de manière artificielle par des stations de relevage, car l'eau ne peut pas s'écouler de façon gravitaire vers la mer. Au final, le but de tout cela est d'avoir de l'eau en quantité et de qualité suffisantes aux endroits où l'on en a besoin. L'assainissement des eaux usées joue naturellement un rôle très important pour atteindre cet objectif dans un pays très densément peuplé.

Pour illustrer ce que font ces autorités régionales de l'eau, j'ai pris quelques exemples.
Bien sûr, en premier lieu, la gestion des digues et des canaux : tous les polders sont séparés les uns des autres par un réseau très important de digues et de canaux qui offre à chaque polder en fonction de l'occupation des sols (activités économiques), un niveau de protection différent, qui peut aller d'une inondation acceptée une fois tous les cent ans à une inondation acceptée une fois tous les 10.000 ans pour des zones stratégiques comme par exemple l'aéroport international de Schiphol. Les canaux permettent également l'alimentation en eau pour tous les besoins (hors eau potable), et nous avons donc un programme continu de dragage de ces canaux.

Vous l'avez compris au travers de ce que je viens de dire, la différence entre les Pays-Bas et beaucoup d'autres pays européens est que le système hydraulique est très artificiel, tout est façonné par l'Homme. Nous connaissons tous cette image d'Epinal des moulins hollandais le long des canaux : ce sont les ancêtres de nos stations de pompage, qui permettent de relever toute l'eau qui tombe sur le territoire vers des canaux plus hauts et, au final vers la mer.
Je souhaite vous montrer à quel point ce système est artificiel : le niveau de l'eau est différent dans les différents polders. Ce niveau étant géré au centimètre près (!) par ce système de pompes, de petits barrages, de canalisations, et cela demande au jour le jour un travail énorme des autorités régionales de l'eau, et une approche locale en collaboration avec tous les usagers : le niveau d'eau dans le sol d'un champ de pommes de terre aura un niveau différent d'un champ de tulipes qui aura un niveau d'eau différent d'une zone urbanisée. Au final, toute l'eau qui entre sur le territoire doit être évacuée vers la mer, par des énormes stations de pompage. Pour vous donner un ordre de grandeur, nous avons une station de relevage d'environ cent mètres-cubes d'eau par seconde, c'est-à-dire que l'on pourrait remplir plusieurs piscines olympiques en moins d'une minute.

Enfin, leur dernière mission est l'assainissement des eaux usées. Je ne vais pas m'étendre sur ce sujet outre mesure. Ce qui est bien spécifique aux Pays-Bas, c'est que l'on a très peu de délégations, parce que ces Autorités Régionales de l'Eau sont responsables de l'assainissement, et suffisamment grandes pour avoir des services techniques à la hauteur des enjeux. Elles sont donc moins dépendantes d'entreprises privées pour organiser l'assainissement des eaux usées. C'est tout de même un sujet très important parce que, étant donné que les rejets se font dans des canaux où l'eau circule lentement, dès qu'il y a un déversement intempestif d'une station d'épuration, cela a un impact très important sur la qualité de l'eau et sur les usages qui peuvent en être faits.

Maintenant, je vais passer au niveau national : le Rijkswaterstaat est en charge des super-infrastructures de protection contre les inondations venant de la mer et des grandes rivières. En 1953, il y a eu de grandes inondations aux Pays-Bas, qui ont traumatisé le pays, avec près de 2000 victimes, et qui ont donné lieu à un « plan Delta » avec la construction de super-infrastructures pour protéger le pays : des digues gigantesques qui permettent, à certains moments, de laisser passer l'eau entre la mer du Nord et les mers intérieures ; des barrages amovibles, sortes de « Tours Eiffel couchées » qui permettent de fermer des bras de rivière entiers en cas de mer haute et de rivières en crue, ceci pour permettre de compartimenter et de protéger le pays en cas de situation météorologique extrême.
A côté de ces infrastructures très artificielles, un cordon dunaire participe également à la protection contre les inondations : c'est la première protection contre la mer. Au niveau national, les normes sont définies et il existe tout un programme de financement et de coordination pour maintenir le niveau de protection grâce à ce cordon dunaire en partie artificiel. Mais c'est là que l'on voit que les Agences de l'eau sont très importantes : la réalisation de tous les projets pour les maillons faibles de ce cordon dunaire qui ont eu lieu ces dernières années sont déléguées aux autorités régionales de l'eau, ce qui montre à quel point elles sont un maillon important dans la réalisation et la gestion des infrastructures.

Enfin, les provinces et municipalités sont principalement des organismes d'aménagement du territoire et de gestion de l'urbanisme ; mais ce sont des partenaires privilégiés dans le cadre de la gestion intégrée de l'eau qui prend en compte tous les aménagements du territoire et les usages de l'eau. Les communes ont un rôle dans le domaine de l'eau qui se limite à la gestion des réseaux de collecte des eaux usées et des eaux pluviales. Les stations d'épurations étant construites et gérées par les Agences de l'eau. Ce qui est peut-être intéressant de signaler à titre de réflexion pour un public français c'est que, aux Pays-Bas, il n'existe pas d'intercommunalités. Ce niveau intermédiaire n'existe pas : ils travaillent de deux manières à la rationalisation des entités publiques : d'un côté, ils essayent de faire grandir les communes (il y a quelques années, il y avait même un objectif de taille minimum de 100.000 habitants par commune, ce qui n'est plus le cas) et les agences de l'eau fusionnent de plus en plus pour atteindre une masse critique qui leur permet d'être très efficace.

Je souhaite vous présenter des projets très concrets, vous montrer comment cela fonctionne, et comment tout est intégré. Par exemple, le renforcement d'un maillon faible de quelques kilomètres du cordon dunaire : c'est une approche très participative ; dès le départ, on savait que l'on devait soit surélever les dunes, soit les élargir énormément et, éventuellement, construire des infrastructures en dur sous le sable pour se protéger contre la mer et, tout de suite la commune, les habitants, les magasins, les pavillons qui sont sur la plage, ont été consultés par un système de jeu de rôles : on a testé plusieurs scénarios pour trouver une solution gagnant-gagnant. Le principal résultat de cette concertation est par exemple très visible dans la ville côtière de Katwijk, qui était à l'origine un village de pêcheurs qui se tourne de plus en plus vers le tourisme. Le facteur limitant pour le tourisme était la capacité de parking en surface. Au travers de toutes ces discussions en amont du projet de renforcement du cordon dunaire, il a été décidé de construire un parking, de manière très innovante, sous les dunes et protégé par une digue en dur du côté de la mer. Cela a donné lieu à un projet intégral qui a gagné des prix d'innovation et

d'architecture parce que l'occupation des sols et les intérêts des riverains ont été pris en compte pour réaliser à un projet sur lequel tout le monde se retrouvait.
Un sujet important est aussi le changement climatique et la résilience. Le deuxième exemple de projet dont je veux vous parler est le « Nieuwe Driemanspolder », un bassin (polder) d'inondation qui a été livré en 2020. 350 hectares de polder pouvant au besoin être inondé de façon contrôlée, parce que l'on connaît aux Pays-Bas aussi de plus en plus des pluies violentes et courtes. Il nous fallait donc créer un bassin d'inondation pouvant contenir, une fois tous les 10 ans, deux millions de mètres-cubes d'eau pour protéger des zones habitées à La Haye. Mais, plutôt que réaliser un projet uniquement tourné vers la gestion des inondations, et sachant que 99% du temps tout ce terrain ne « servirait à rien », une concertation a eu lieu pour savoir ce que l'on pourrait faire de tous ces terrains lorsqu'ils ne sont pas inondés, et finalement une énorme zone naturelle de loisirs et de développement écologique a été créée avec des berges écologiques qui favorisent la biodiversité. Et l'on a donc trouvé une solution résiliente, dans la mesure où elle a, les trois-quarts du temps, un usage pour l'ensemble de la population et, de manière très ponctuelle dans le temps, nous permet de lutter contre les inondations.

Enfin, les concertations qui ont lieu à l'échelle d'un projet avec une perspective de quelques années, ont aussi lieu à l'échelle nationale mais pour un horizon bien plus lointain. Les discussions sur l'influence du changement climatique sur la gestion de l'eau dans le pays entier battent leur plein et conduisent à un changement de paradigme. Si par le passé, la gestion de l'eau suivait l'occupation des sols, c'est-à-dire que, à l'échelle nationale et à l'échelle régionale, on faisait d'abord des plans d'urbanisme ou de gestion des sols et, après coup, on regardait comment amener l'eau potable, comment traiter les eaux usées, quel niveau d'eau on devait avoir dans le sol, aujourd'hui, on se rend compte que cela est de moins en moins possible, parce que l'on a de plus en plus de contraintes. Cette ressource va être de plus en plus limitée par rapport à nos besoins ; on réfléchit donc maintenant à l'échelle nationale à la manière dont l'eau pourrait être prise en compte à l'amont des plans d'urbanisme : où a-t-on de l'eau, quel type d'eau et est-ce que cela a un intérêt pour l'aménagement des sols ? Cela montre à quel point les Pays-Bas sont une sorte de « Sim-City » (pour ceux qui connaissent encore ce jeu vidéo basé sur la gestion de l'urbanisme): un jour, on peut avoir à un endroit une zone industrielle et, quelques années plus tard, le même endroit sera une zone naturelle ; tout est façonné par l'Homme, et un diaporama a été fait pour enclencher la discussion au niveau national et avec les différentes autorités régionales de l'eau sur cette question : « comment peut-on combiner l'eau, les transports en commun, les espaces verts, et tous les usages de l'eau ? » dans les villes et en dehors.

Pour ce qui concerne l'aspect prospectif, plusieurs personnes en ont déjà parlé ou vont en parler de manière plus détaillée : mais la gestion de l'eau est désormais systématiquement intégrée à la réflexion sur l'occupation des sols. Une nouvelle loi va permettre, pour tous les projets d'urbanisme, d'avoir une seule autorisation coordonnée pour toutes les organisations publiques afin d'une part de faciliter les démarches du demandeur, mais aussi d'autre part d'encourager une évaluation intégrée de la demande.
Enfin, la circularité des systèmes est maintenant aussi abordée dans tous les projets : comment, par exemple, pourrons-nous (devrons-nous ?) utiliser les rejets des stations d'épuration pour produire de l'eau potable dans le futur ? Cela est un premier pont que nous sommes en train de jeter en direction des sociétés de production d'eau potable, qui étaient un peu, jusque-là, un monde à part.

Michel Senimon
Vous suscitez beaucoup de questions parmi notre public ! Le modèle hollandais suscite beaucoup d'interrogations, de questions, mais il montre une exemplarité très importante : vous avez démontré, sur le plan de la gestion de l'eau, comment cette autorité régionale de l'eau va peut-être évoluer vers ce que l'on pourrait appeler demain une évolution en « bassins », comme en France. « Une eau propre avec les pieds secs » était une

excellente transition avec le plan national de lutte contre les inondations.
Il y a vraiment beaucoup de questions sur votre modèle parce que ce n'est pas une solution naturelle et, face aux inquiétudes mondiales sur le réchauffement climatique, beaucoup sont en train de voir à travers le modèle développé par la Hollande des solutions à exporter !

Un éclairage socio-politique sur la gouvernance de l'eau à partir de l'expérience de la Durance

Sophie RICHARD
Enseignante responsable de parcours à AgroTechParis
Membre de l'UMR G-EAU
Gestion de l'eau, acteurs et usages, Campus de Montpellier

Je travaille sur les questions de gouvernance de l'eau ; aujourd'hui, je souhaite apporter un éclairage plutôt socio-politique aux questions de gouvernance, avec une profondeur un peu historique, et en mobilisant un retour d'expérience sur le territoire de la Durance ; je mettrai aussi l'accent sur des controverses et des tensions comme moteur d'évolution de la gouvernance de l'eau en France et dans un cadre qui est, comme l'ont présenté plusieurs intervenants auparavant, hérité des années 60 et qui reste assez consensuel.

Pourquoi s'intéresser à la gouvernance de l'eau ? Quelques éléments de cadrage :

- La gouvernance, comme l'ont rappelé plusieurs intervenants, consiste à s'intéresser aux solutions partagées qui peuvent exister pour une ressource commune, mobilisée pour des usages multiples, avec des dimensions à prendre en compte en termes de complexité des systèmes considérés, de multiples échelles qui sont en interaction ; c'est aussi un domaine qui fait intervenir plusieurs acteurs, comme on va le voir par exemple sur le territoire de la Durance. Cette complexité fait que l'on a des problèmes de plus en plus perçus comme communs, avec un cadre de changements globaux qui influence la prise de décisions et l'action. Nous allons donc avoir besoin de solutions collectives et de politiques publiques participatives pour favoriser l'engagement de la construction de coresponsabilités entre les acteurs.

- Le deuxième point de cadrage est uniquement pour rappeler, comme l'a dit Valérie Le Gallou, qu'en France, l'organisation recoupe des territoires à la fois administratifs (régions, départements, communes et intercommunalités) et hydrographiques, comme l'ont présenté les intervenants des agences de l'eau et de l'OIEAU précédemment, avec de grands bassins ; donc des institutions vont intervenir à des échelles à la fois administratives et hydrographiques donc des besoins d'interaction, de coordination entre ces différentes échelles, entre établissements publics et acteurs privés également sont nécessaires.

Je vais passer maintenant au retour d'expérience de la Durance. La Durance est un territoire du Sud-Est de la France ; sur la carte, on voit la région Provence-Alpes Côte-D'Azur, avec en rouge le bassin versant de la Durance, le délimité orange présentant le territoire d'usage de l'eau de la Durance : on observe que l'eau de la Durance est utilisée sur ce que l'on peut appeler le « bassin déversant » (un territoire d'usage). Une caractéristique de ce territoire est que l'on est en zone méditerranéenne, avec des enjeux importants sur la ressource en termes quantitatifs, avec des besoins d'eau à des moments et périodes de l'année où l'on a le moins d'eau dans les rivières et les milieux, mais aussi avec l'enjeu quantitatif du « trop d'eau », que l'on a vu très récemment dans la région de Nice. C'est également un territoire qui est fortement anthropisé, avec des usages très anciens, notamment pour la production d'énergie hydraulique et l'agriculture, mais aussi pour les villes. Il y a donc des transferts d'eau, des infrastructures mobilisées pour transférer de l'eau là où on en a besoin depuis le Moyen-Age. Une autre particularité de ce territoire est que c'est un bassin versant de la Durance, qui a une chaîne hydroélectrique très importante, et qui est à l'origine de 10% de la production hydroélectrique nationale ; c'est également un enjeu fort de ce territoire. Ma diapo montre les principaux transferts d'eau qui existent entre le bassin de la Durance ; les flèches bleues représentent les transferts d'eau hors du bassin versant, donc pour différents usages (agricoles, villes, industries principalement), avec différents barrages à la fois sur la Durance et sur le Verdon (affluent principal de la Durance). Ces usages anciens font que la Durance est considérée comme un outil de transfert d'eau des Alpes vers les zones côtières.

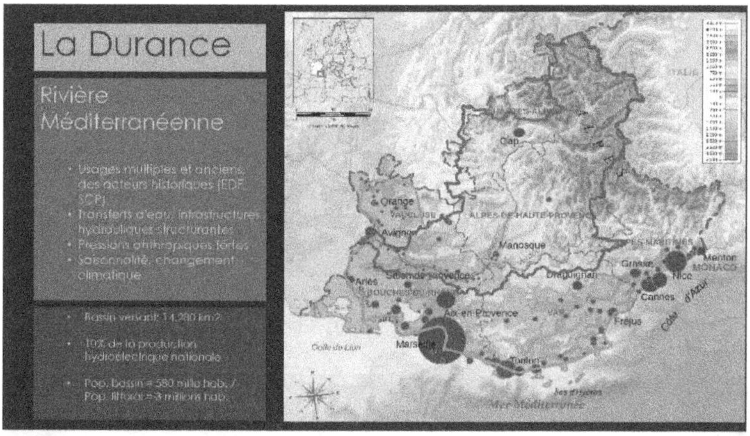

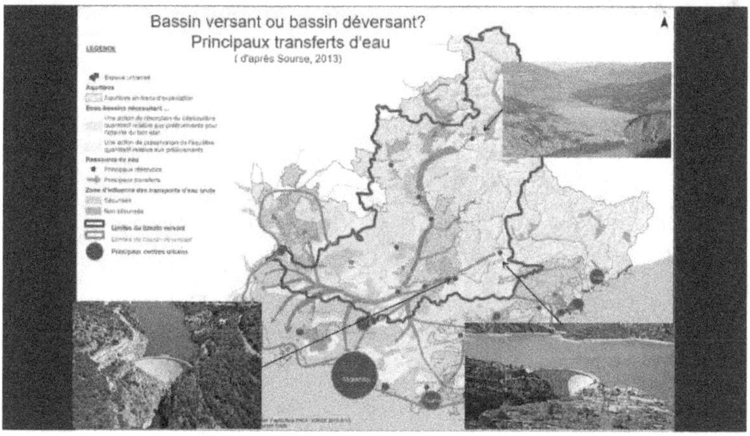

Pour apporter une dimension historique sur l'aménagement de ce territoire (qui, comme je vous le disais, est très anthropisé), en certaines périodes (entre le Moyen-Age et le 19ème siècle), l'on a eu le développement de canaux pour des moulins et les arrosages ; ce sont les canaux que l'on voit principalement sur la Durance-aval. Et, au 20ème siècle, on s'est rendu compte que l'on n'avait plus assez d'eau juste en faisant des transferts par des canaux, donc on a créé des réserves et du stockage, donc des barrages, sur la Durance et le Verdon, notamment pour des usages agricoles, l'eau potable, la production d'hydroélectricité et réguler le débit de la rivière.

Je vais maintenant m'intéresser à la façon dont la gouvernance peut être analysée en trois temps, donc en revenant sur trois périodes, et en regardant comment cette gouvernance a pu évoluer au cours du temps, sous le moteur des tensions et des conflits d'usage locaux, en les mettant en perspective avec ce qui se passe au niveau national et européen sur la législation sur l'eau.
Un premier temps va du Moyen-Age jusqu'aux années 70, que j'ai caractérisé comme période de développement hydraulique, où c'est plutôt l'enjeu quantitatif qui va primer.

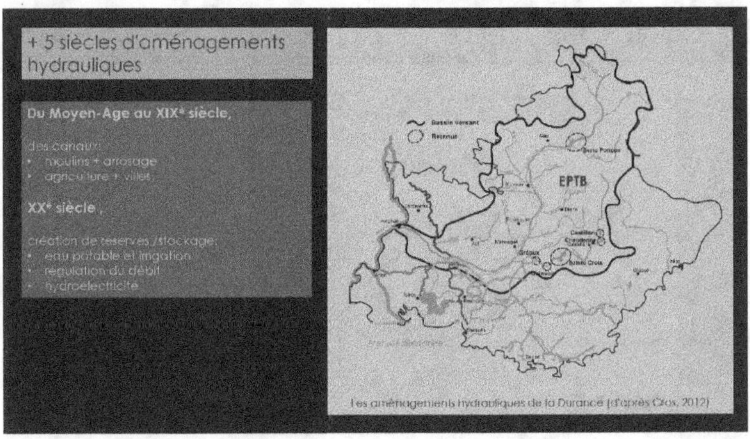

Cette période est subdivisée en en deux sous-périodes : une première qui va jusqu'aux années 1900, qui consiste plutôt en un développement hydraulique local, avec des canaux qui sont construits pour amener l'eau là où l'on en a besoin et quand on en a besoin ; cette période se termine dans les années 1890, suite à des conflits locaux : à la suite de périodes de sécheresses consécutives, des conflits d'usage pour la ressource se produisent parce qu'on n'a pas assez d'eau pour satisfaire tous les usages. Ces conflits d'usage vont amener l'Etat français à intervenir et à impulser l'aménagement du bassin versant de la Durance pour la création d'ouvrages réservoirs, de barrages, et à mettre en place des institutions de partage de la ressource entre les usagers ; notamment, en 1907 est créée la Commission Exécutive de la Durance, qui vise à partager la ressource entre les « usagers-avals » du bassin de la Durance. Toute cette période se caractérise par la création d'infrastructures et d'institutions qui vont gérer ces infrastructures. C'est aussi dans les années 50 que sont créées EDF et la société du Canal de Provence, qui vont être deux acteurs très forts et importants sur ce territoire. En 1964, pour un petit rappel au niveau national, la loi sur l'eau crée les agences financières de bassins et met en place les Comités de Bassins ; le niveau Bassin-versant commence à pointer son nez dans le panorama des politiques publiques, mais sur ce territoire-là, c'est toujours le territoire d'usage qui prime, et le bassin-versant n'est pas encore considéré en tant que tel.

Si on passe à la période suivante,

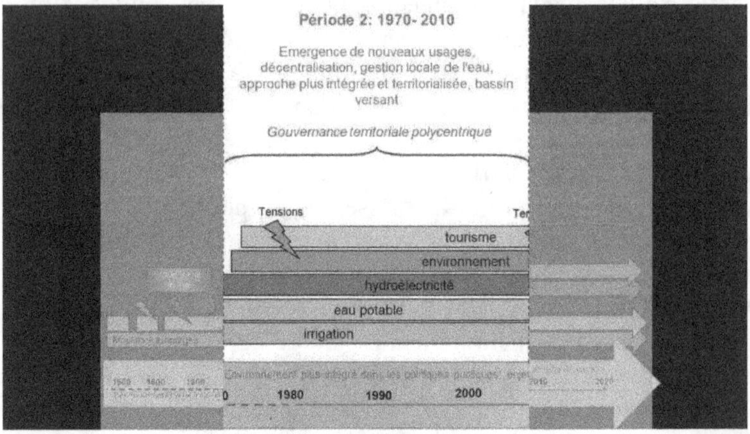

entre les années 70 et les années 2010 à peu près, celle-ci est caractérisée par plusieurs mouvements : un premier, assez général en France et en Europe, et un peu dans d'autres pays du monde, est que l'environnement est de plus en plus intégré dans les politiques publiques ; la prise en compte environnementale, et 1972 est une année environnementale très forte à l'échelle internationale, se traduit sur des territoires très locaux. Cet enjeu-là va émerger sur le territoire de la Durance également. Un autre enjeu est celui du tourisme, qui émerge aussi. Ces deux nouveaux enjeux par rapport aux précédents (l'eau potable, l'irrigation et l'hydroélectricité) vont induire des règles de gestion différentes et donc des tensions un peu plus fortes sur la gestion de la ressource ; c'est un des premiers points qui vont faire que la gouvernance évolue. Un deuxième point est que, dans les années 80, commencent les actes de décentralisation en France (dans cette période-là, il y a aussi 2004), avec une montée en puissance des collectivités territoriales (à la fois les départements, les régions et les communes), donc des compétences accrues, ce qui va modifier les institutions de gestion en lien avec les questions environnementales. La loi sur l'eau de 1992 renforce le fait que l'eau est patrimoine commun de la Nation, le besoin de gestion équilibrée de la ressource et des usages ; sur ce territoire, cela va se traduire par une plus grande prise en compte des enjeux

qualitatifs par rapport aux enjeux quantitatifs privilégiés dans les politiques publiques précédemment. Cette période est beaucoup plus territorialisée et polycentrique, dans le sens où elle fait intervenir de plus en plus d'acteurs dans la décision publique : ce n'est plus seulement l'Etat qui est l'acteur dominant et prépondérant comme c'était le cas dans les années 60 ; là, une multiplicité d'acteurs territoriaux va contribuer à l'action publique.
La troisième période, des années 2010 à aujourd'hui,

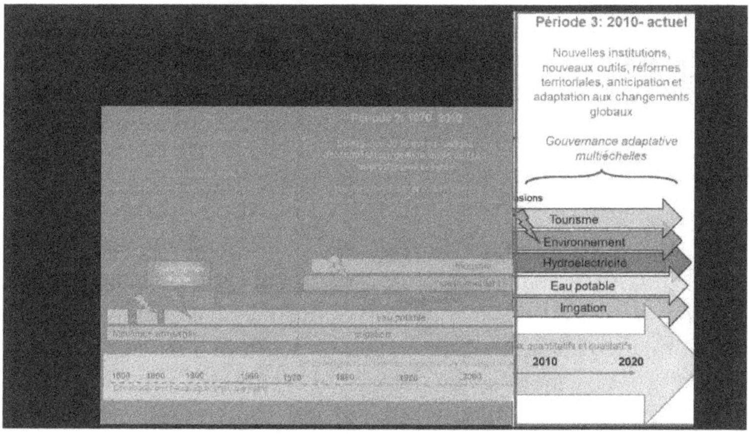

montre une gouvernance qui va évoluer, notamment sous le fait que, pour ce territoire-là, même sans crise de l'eau, des tensions se manifestent à la suite des années 2000 à 2010, liées aux évènements climatiques et au manque d'eau, au besoin de dire que l'on a des réserves, que le territoire est sécurisé, mais que, si l'on veut prendre en compte les changements liés au climat, il va falloir adapter nos règles de gestion, nos façons de fonctionner et trouver des solutions. De nouvelles solutions se mettent donc en place, notamment de nouvelles institutions plutôt délibératives, avec des institutions multi-acteurs à l'échelle régionale et à l'échelle du bassin.
Aujourd'hui, le système de gouvernance est encore assez morcelé, en apparence, avec de nombreux établissements qui interviennent à l'échelle du bassin versant.

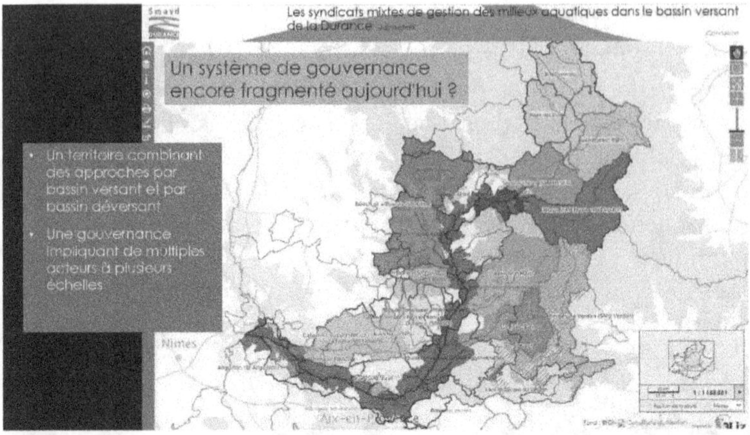

On a tout de même à l'échelle du bassin un établissement public territorial de bassin Durance, chef de file de la gestion par bassin, porteur d'un schéma d'aménagement et de gestion de l'eau en construction sur la Durance ; à l'échelle de sous-bassins existent des établissements publics d'aménagement et de gestion de l'eau qui sont maîtres d'ouvrage, et qui peuvent éventuellement porter des compétences comme la gestion des milieux aquatiques et la prévention des inondations ; on trouve aussi bien sûr l'échelon administratif des collectivités et de l'intercommunalité. Je voulais aussi insister sur le rôle de la région, qui a une mission de coordination de la politique régionale de l'eau, ce qui a été permis par les dernières réformes territoriales, et qui a mis en place (avec l'Etat et l'Agence de l'Eau notamment) une assemblée de Gouvernance Régionale de l'Eau, permettant la mobilisation d'acteurs des politiques de l'eau, mais aussi hors du secteur de l'eau, donc des politiques sectorielles, notamment de l'aménagement du territoire.Pour conclure, ce que nous apporte l'enseignement de ce territoire réside dans l'importance de regarder la profondeur historique passée mais aussi de se projeter dans le futur, de regarder les facteurs d'évolution de la gouvernance (à la fois entre tensions, volontés politiques et décentralisation et territorialisation). Il est vrai que, sur ce territoire-là, dans les solutions mises en œuvre, interviennent de plus en plus d'institutions et de lieux qui permettent l'engagement de plusieurs acteurs ; c'est un élément clef pour

gérer la complexité et gérer l'eau sur un territoire. Cette coordination sera de plus en plus forte sur ce territoire-là.
Je peux proposer aussi une mise en perspective avec ce qui se passe au niveau français ; nous sommes dans un système relativement stable en termes de cadres depuis les années 60, mais les processus évoluent au fil des controverses et des désaccords, qui permettent des évolutions de la gouvernance.

Michel Senimon
Merci beaucoup ! Le temps est aux questions : « Quels leviers, quels mécanismes pourraient être envisagés en faveur de la répartition des eaux, avec comme objectif de réduire durablement les atteintes, autant aux écosystèmes qu'aux populations ? ».

Eric Tardieu
Réponse synthétique, de principe sur différents types d'outils qui existent déjà. Le premier, c'est tout simplement l'outil règlementaire ; il y a, dans tous les pays européens, des normes qui limitent les quantités prélevables, les rejets et qui participent à cette régulation inter usages. Le deuxième outil utilisé est la concertation et la planification : c'est l'objet de discussions nationales (telles qu'elles ont pu être évoquées) dans certains pays, des discussions à l'échelle des bassins pour ce qui concerne la France ; les choix d'investissements et de planification permettent de répondre à des objectifs tels qu'un meilleur équilibre entre l'eau pour les écosystèmes et l'eau pour les populations. Le troisième outil est l'outil économique (en France, c'est le système des redevances) ; c'est le fait que le principe pollueur-payeur, comme on l'appelle chez nous, est utilisé pour envoyer un signal-prix à différents types d'utilisateurs, et pour générer de la ressource qui permette de financer des actions compensatoires, donc de servir cet objectif d'équilibre.

Michel Senimon
« De nombreux pays utilisent les mécanismes du marché pour partager l'eau dans les limites fixées par l'administration ; que pense le Panel de cette approche ? »

Eric Tardieu
La question suscite un certain nombre de débats, si je la comprends bien parce que il y a peut-être plusieurs façons de la comprendre ; mais si on parle effectivement du marché du « droit d'eau », des « Water Rights », c'est-à-dire de cette capacité de générer un marché pour l'utilisation de la ressource en eau, et non pas de l'eau potable ni de l'assainissement, il est possible de faire deux remarques : la première est que c'est une formule qui n'est pas très généralisée à l'échelle mondiale (quelques pays l'ont utilisée : l'Australie, le Chili, les Etats-Unis), donc cela reste minoritaire comme approche à l'échelle mondiale ; ce n'est clairement pas l'approche européenne, puisque l'objectif politique majeur de la directive-cadre est de préserver le bon état écologique des ressources en eau et, si on revient au droit français, l'eau est patrimoine commun de la Nation ; il y a donc une opposition juridique fondamentale à cette approche ; et c'est une approche qui trouve assez rapidement ses limites dès lors que les pressions sur la ressource s'intensifient et que, du coup, l'élasticité nécessaire sur le prix de l'eau pour maintenir le marché donne lieu à des coûts énormes ; nos collègues australiens d'ailleurs questionnent un peu ce modèle en place chez eux puisque, pour garantir l'eau potable dans un certain nombre de villes, il faut racheter des droits d'eau à des agriculteurs à des prix qui deviennent rapidement astronomiques dès lors qu'il n'y a pas d'élasticité sur la ressource.

Michel Senimon
Peut-être l'un des intervenants veut-il ajouter quelque chose ?

Klara Ramm
C'est toujours le problème du partage des eaux, disons que cela fait partie de la compétition entre l'agriculture, l'industrie et la population. Cela va être, je pense, de plus en plus sérieux, et c'est le défi pour la civilisation du monde entier : comment partager l'eau parmi tous les consommateurs ? Oui, la directive-cadre dit que c'est un bien, il faut tout de même gérer l'eau comme un bien économique, on ne peut pas nier cela, parce que c'est notre civilisation qui a créé une telle situation.

Michel Senimon
« Comment l'augmentation du niveau de l'eau des océans va-t-elle changer le management de l'eau ? ». « Comment s'organisent les Hollandais face à la montée du niveau de la mer ? ». « Quelle consommation d'énergie pour la gestion artificielle du système hydraulique hollandais » ?

Valérie Le Gallou
Je commence par la montée du niveau des eaux. C'est une problématique évidemment très importante pour les Pays-Bas comme dans les tous les deltas dans le monde. J'ai d'ailleurs participé à une réflexion sur ce sujet il n'y a pas très longtemps et, pour la première fois, des personnes se posent les questions de savoir jusqu'à quel terme, jusqu'à quel point la situation des Pays-Bas est viable avec l'augmentation du niveau des eaux, en particulier toute la région Ouest des Pays-Bas, où toute l'activité économique est présente. Les Pays-Bas sont cependant probablement le delta le mieux protégé au monde.
C'est à la fois une chance qu'il y ait autant d'activités économiques derrière ces digues, parce que c'est la raison pour laquelle il est économiquement viable de défendre ces zones, mais c'est aussi un dilemme car il va peut-être falloir commencer à apprendre à déplacer des activités, et cela commencera peut-être à petite échelle. Par exemple, il existe dans certaines zones des remontées d'eau saline par capillarité dans le sol, dues à l'augmentation du niveau de la mer : cela veut dire que, dans ces zones, certaines pépinières ne peuvent plus travailler, parce qu'il y a trop de sel dans l'eau pour les arbres. On commence donc à déplacer tout doucement des activités, et je pense que pour le très long terme, cela risque de se faire à plus grande échelle. Mais, pour l'instant, ils sont surtout en train de travailler sur de nouvelles normes. La prospective prend en compte des horizons plus lointains: ils ne regardent pas à 5 ni à 10 ans, mais à 50 ans à l'avance, et toutes les normes qui sortent maintenant, tous ces gros projets sont des projets tournés pour créer une situation encore viable à 20, 30 ou 40 ans.
Pour la consommation d'énergie, c'est effectivement quelque chose de très important ; je n'ai hélas pas de chiffres à donner. On est souvent très admiratif du système néerlandais, mais c'est

un pays très densément peuplé (400 habitants au km2), donc les activités économiques sont très concentrées, Cela permet de justifier le coût des solutions mises en œuvre. Mais tout n'est donc pas transposable dans un autre contexte. Nous avons eu, il y a quelques années, une visite de maires français de Vendée, qui étaient venus voir ce projet autour du cordon dunaire de Katwijk. Evidemment, techniquement, c'est une solution que l'on pourrait transporter en France, mais on ne peut pas investir dans les mêmes proportions pour protéger Amsterdam, Schiphol, et toute l'activité économique de la moitié des Pays-Bas que ce que l'on peut dépenser pour protéger trois lotissements en Vendée.
C'est ce que je lis dans les questions qui me sont posées sont des interrogations existentielles sur la situation physique des Pays-Bas face au changement climatique : comment fait-on ces choix sur le long terme? Quel est le rapport entre les coûts, l'artificialisation du système, et à quel moment le rapport coût-avantages reste encore viable ? C'est une question à laquelle les Pays-Bas vont être de plus en plus confrontés dans les années à venir.

Jean-Emmanuel Gilbert

Une petite remarque sur la question de l'énergie : c'est quelque chose que nous avons beaucoup travaillé au niveau des industriels, ce que l'on appelle le « coût global de l'eau », j'en parlerai cette après-midi. Effectivement, le fait d'essayer de répondre à la question de l'enjeu de l'eau, sa pénurie par exemple, par de la technologie cela induit une inflation d'artificialisation mais également une inflation de la consommation énergétique. Quelques données pour avoir des ordres de grandeur : sur une usine de dessalement d'eau de mer actuellement, par exemple par osmose inverse, le coût de l'eau est, à 40%, dû à la consommation d'électricité tout compris (le bâtiment, les travailleurs…). SI on prend l'eau potable, mais aussi les stations d'épuration, dès que l'on commence à avoir des pompes et des aérateurs qui tournent en continu, tout ce matériel représente des consommations d'énergies conséquentes.

Table ronde

Estelle Wateau
Responsable du Pôle Eau et Assainissement du CNFPT

Bienvenue à nos quatre intervenants ; nous avons un temps assez limité, donc je vous laisse tout de suite la parole, Leon Dhaene, pour commencer ; vous êtes secrétaire général de la Commission Internationale de l'Escaut, et donc vous allez nous parler de cette gouvernance particulière qui se fait à trois pays, et vous allez nous dire s'il existe des différences entre ces politiques nationales.

Leon Dhaene
Secrétaire général de la Commission internationale de l'Escaut (ISC-CIE)

C'est un honneur d'être présent, malheureusement pas en présentiel !
Effectivement, je suis le secrétaire général du district de l'Escaut, qui s'étend de la Somme au Sud-Ouest jusqu'au lac de Grevelingen, au Nord-Ouest, au sud de la ville de Rotterdam. Cette carte démontre l'état actuel de ce district, qui n'est ni plus ni moins que le Sahara de l'Europe. Dans l'index de la durabilité de l'eau des Nations-Unies, notre région a été qualifiée de pire que le Niger, en Afrique, qui est un pays du Sahara ; nous avons donc encore beaucoup d'efforts à faire pour retrouver le bon état de nos masses d'eau d'ici 2027, date ultime de la « Directive-Cadre » de l'eau.
Pour s'organiser, dans le district, nous travaillons sur le troisième plan de gestion. Notre tâche, au niveau international, est de gérer la partie faitière de ce plan de gestion. Le troisième plan de gestion, en cours de finalisation, va être mis en pratique à partir de 2022. Nous travaillons avec trois délégations nationales (la France, la Belgique et les Pays-Bas), mais comme la Belgique a fédéré aussi trois gouvernements régionaux (ceux de la région Flamande, Wallonne et de Bruxelles-capitale). Nous

travaillons sur cette partie faîtière, qui doit être présentée au public pendant une période de six mois. Une consultation publique sera organisée au niveau local, et éventuellement quelques mois pour le « fight your name » de ce plan. Ce plan est basé sur les six grandes questions principales que l'on a adoptées pour le district, la première étant la gestion de l'ensemble des eaux de surface, autant dans le domaine qualitatif que quantitatif ; la deuxième grande question est la même chose, mais pour les eaux souterraines ; le troisième élément dans ce schéma est de s'assurer que le grand public est au courant des problèmes actuels dans le district ; on vient de le dire, sauvegarder les zones côtières des conséquences du changement climatique et, en général, s'assurer qu'il y a une bonne gestion quantitative de l'eau, surtout en vue des changements climatiques et des inondations. Finalement, notre sixième point, qui est sûrement le plus difficile, est de s'assurer que toutes les politiques gouvernementales sont alignées pour regagner ces objectifs en 2027.

Pour cela, nous travaillons avec des groupes d'experts désignés par les délégations mais politiquement indépendants : ce sont des scientifiques, professeurs d'universités, chercheurs, dans différentes organisations ou même sociétés autour de l'eau, qui définissent dans leurs études, par exemple, l'état des différentes masses d'eau. Ce sont les chefs de délégations qui prennent les décisions politiques, c'est-à-dire ce qu'il faut mettre en place dans chaque pays et dans chaque région pour arriver à exécuter ces décisions ; c'est à peu près le cadre juridique dans lequel nous travaillons.

Estelle Wateau

Quand nous avons échangé pour préparer cette table ronde, vous avez dit que l'on est aujourd'hui sur un mode offensif, alors que nous aurions pu être sur un mode préventif il y a encore quelques années ; pouvez-vous nous expliquer cela ?

Léon Dhaene

Malheureusement, nous sommes dans une période défensive : le niveau de la mer est en train d'augmenter, on aurait dû prendre des décisions il y a vingt ou trente ans pour empêcher cette

augmentation, si possible. Donc nous devons mettre en place des plans de défense ; on a parlé de l'action des digues Pays-Bas (dont la situation est exceptionnelle, le point le plus bas est de presque 7 mètres, 6.76 mètres pour être exact inférieur au niveau NAP, le Normal Amsterdam Peil, qui est le point 0 par rapport au niveau de la mer), où il existe une grande tradition de défense. Mais, de plus en plus, on réfléchit à redonner les terres aux rivières ; ce sont les grandes rivières qui peuvent nous aider à gérer ce problème. Et, si l'on rétablit des zones d'inondations futures, ce pourrait être une première ligne de défense.
Deuxièmement, un grand problème réside dans les réserves d'eau, des eaux souterraines qui, en général, sont en baisse voire baissent dramatiquement. Une de nos plus grandes nappes est la nappe calcaire-carbonifère qui, visuellement, s'étend du Sud de la ville de Lille vers le Sud de la ville de Courtrai - Est de Mons avec un petit retour vers Liège, puis retournant vers Valenciennes et Lille ; elle est surtout utilisée en tant que nappe d'eau potable pour la région Nord de la France et une petite zone en Flandre : cette réserve d'eau était en baisse de 75 mètres ces dix dernières années. C'est catastrophique, car on ne sait pas encore quelles seront les conséquences de cette baisse continue ; cela a l'air de se stabiliser ces deux dernières années, mais l'approvisionnement en eau potable pour à peu près 6 à 7 millions de gens est en danger ; c'est dramatique aussi, car on ne sait pas ce que cela fait, une grande quantité d'eau souterraine qui, d'un coup, se vide : va-t-on avoir les mêmes circonstances que, par exemple, la Friesland, où l'on a eu une exploitation de gaz naturels et où, maintenant, des tremblements de terre se produisent de façon naturelle ? Toutes des aspects liés à cette problématique d'eau souterraine en baisse.

Estelle Wateau

Peut-être peut-on laisser la parole à Julie Eissen sur le côté économique, puisque vous nous aviez dit que les collectivités se livraient aujourd'hui à un casse-tête chinois.

Julie Eissen
Dirigeante de la société ICAPE

Oui, j'ai préparé une présentation pour expliquer les mécanismes de financement des réseaux d'eau potable, et la problématique à laquelle nous allons être confrontés, compte tenu des mécanismes budgétaires et des problématiques de renouvellement des réseaux qui arrivent, justement.
Déjà, le développement des infrastructures d'eau potable s'est fait dans les années 1920-1970, essentiellement, avec une année charnière dont on a parlé précédemment : 1964, où il y a eu création des Organismes de Bassins (devenus les Agences de l'Eau aujourd'hui) et le mécanisme de financement de « l'eau paye l'eau ». Ce qu'il faut avoir en tête est que, dans les années 1990-2000, ont été mises en place les règles budgétaires et comptables des services publics et, notamment dans notre cas de figure, la création de ce qu'on appelle la M49, l'instruction spécifique au budget d'eau. Cette M49 introduit deux éléments-clefs : l'obligation d'un strict équilibre budgétaire, et l'obligation d'amortir les ouvrages ; et l'on a donc assisté à la mise en place de l'amortissement à proprement parler dans les collectivités dans les années 2000-2002. L'autre période charnière, c'est 2010-2015, avec la loi Grenelle2 et l'obligation des niveaux de rendement minimaux vers 2014. On entre aujourd'hui dans une ère où on doit travailler sur le renouvellement des réseaux, impulsée par des problématiques de rendement minimal. Or, le développement des réseaux a quasiment 100 ans. La question est donc de savoir si le cadre juridique en place nous permet de renouveler des réseaux anciens, alors que l'on est confronté à une baisse de rendements et que l'on entre dans une phase de tensions sur la ressource en eau.
Ce que j'expliquais avant de rentrer dans le détail des mécanismes budgétaires c'est que, en France, il existe un mécanisme simple de « l'usager payeur », ou de « l'eau paye l'eau », où les recettes du service sont directement proportionnelles au volume consommé, ce qui fait que, moins l'usager consomme, moins le service va avoir de recettes ; c'est le premier point important. Deuxième point, au niveau de l'amortissement, les réseaux ont été réalisés bien avant que les

règles d'amortissement ne soient mises en place ; donc aujourd'hui, sur ce réseau développé avant-guerre, il n'y a pas du tout d'amortissement. Or, l'âge moyen national des infrastructures est à peu près de 50 ans, pour des ouvrages dont la durée de vie est annoncée entre 60 et 80 ans. Nous allons donc entrer dans une période de renouvellement massif nécessaire sur une temporalité très courte, puisque l'on parle d'une échelle de 20 ans. Dans les mécanismes budgétaires tels qu'on les applique aujourd'hui, le financement par l'emprunt à 100% n'est pas possible et, il faut avoir conscience que les collectivités doivent faire face à un mur de renouvellement dans les vingt ans à venir, c'est une vraie problématique.
J'ai fait un petit focus sur la problématique de l'amortissement, une spécificité des mécanismes budgétaires de la M49. Il faut savoir que l'amortissement ne porte que sur le montant restant à financer, avec ce que l'on appelle à l' « euro constant », et sur des durées de vie d'ouvrages relativement longues puisque l'on parle de 50 à 80 ans. Les conséquences de ce mécanisme sont les suivantes, en faisant une démonstration avec un petit calcul rapide : si je réalise un réseau d'eau potable structurant de 10 millions, subventionné à hauteur de 40%, il me reste 6 millions d'euros à financer en propre. Or sait, par des calculs rétrospectifs, que la dépréciation de l'euro sur 60 ans est d'environ un facteur 7, ce qui fait que, arrivé en 2080, quand je vais devoir renouveler ce réseau d'eau potable, je n'aurais provisionné que 860.000 euros, soit 10 fois moins que le coût de 2020. On constate donc bien que l'amortissement ne permet pas de renouveler le patrimoine.
On va maintenant s'intéresser de façon plus concrète aux composantes de services avec un focus sur un territoire rural assez caractéristique, la Seine-et-Marne. Ce département compte 10.400 km de réseaux d'eau potable, ce qui représente à peu près 1% du patrimoine national, avec un âge moyen des réseaux de 67 ans, donc des infrastructures techniquement en fin de vie. Le rendement moyen actuel de 80% est relativement bon, mais à l'échelle du département, on perd tout de même 17 millions de mètres cubes d'eau par an. Pour comprendre le fonctionnement d'un service d'eau et réaliser des comparaisons, il faut prendre en compte 3 composantes clefs : les abonnés, l'assiette (le

volume assujetti) et le linéaire. Ces trois composantes nous permettent de définir un potentiel d'investissement. Pour illustrer mon propos ; j'ai établi une comparaison entre le syndicat des eaux d'Ile-de-France (le SEDIF), le plus gros syndicat autour de l'agglomération parisienne, et un syndicat important en Seine-et-Marne (le SNE). Le SEDIF est caractérisé par 151 communes, 602 000 abonnés, 254 millions de m3 vendus et 8 800 km de réseau. Le SNE est composé de 52 communes, 22 300 abonnés, 230 000 m3 d'assiette et 850 km de réseau. En comparant le nombre d'abonnés par kilomètre et le nombre mètre-cube vendu par mètre-linéaire de réseau ; on observe les ratios suivants : 68 abonnés par km pour le SEDIF contre 26 pour le SNE et 29 m3 d'eau vendu/ml de réseau contre 0,27 pour le SNE. Ainsi, les recettes en part fixe (abonnement par abonné) sont 2,5 fois plus importantes pour le SEDIF que pour le SNE et les recettes en part variable (sur le m3 d'eau vendu) sont 100 fois plus importantes pour le SEDIF que le SNE, ce qui impacte directement le tarif à l'usager. Cette démonstration met en évidence la disproportion réelle sur le potentiel de recettes suivant les services, et une iniquité essentielle quand on est en milieu rural.
En s'intéressant un peu plus à ce syndicat du Nord-Est, sur lequel nous avons travaillé sur le volet état patrimonial, il a été mis en évidence le besoin de renouveler 40 kilomètres de réseaux par an et de réhabiliter 40 réservoirs en cinq ans. Autant dire que c'est impossible. Les élus ont donc arbitré un compromis acceptable pour engager une politique volontariste au regard de ce constat à savoir renouveler 14 kilomètres de réseau par an et la réhabilitation de deux réservoirs par an. Ces éléments techniques ont été transposés en analyse financière avec dans un premier temps un financement via le recours à l'emprunt à 100 %. Il a été mis en évidence l'impossibilité de tenir ce mécanisme avec un état d'endettement qui devient exponentiel. La stratégie retenue a donc été de financer ces investissements en propre avec une tarification de l'eau très pro-active : en 5 ans, le prix de l'eau est passé de 1,20 euros à 4,75 euros. C'est très important parce que ce tarif ne porte que sur la part investissement, hors taxe, et sans assainissement, donc on parle uniquement de la surtaxe nécessaire pour que l'on puisse financer le renouvellement.

Si je retranscris ces éléments dans des indicateurs plus communément partagés au niveau national, on voit que le besoin de renouvellement pour ce syndicat rural est de 4,70 %/an et en 2020, malgré tout ce travail, on est à 1,65 %/an ; bien en deçà du besoin et pourtant déjà trois fois le niveau de renouvellement national moyen.

Ainsi, ma capacité de renouvellement (effectivement réalisée) est 3 fois inférieure à mon besoin de renouvellement malgré un tarif de l'eau élevé. Et pendant ce temps-là, mon réseau continue de vieillir. De façon prospective, mon réseau sera renouvelé quand il aura atteint l'âge de 120 ans, soit à peu près deux fois sa durée de vie. Les conséquences de cette situation se traduisent simplement : quel va être l'état du rendement à l'avenir et donc la quantité de pertes en eau. Et ce sujet-là est d'autant plus complexe que l'on arrive dans une période de changement climatique critique pour la gestion de l'eau, avec une diminution des ressources disponibles et une augmentation drastique des besoins de renouvellement.

Il est donc essentiel de comprendre que la préservation de la ressource en eau passe intrinsèquement par le renouvellement patrimonial, qui doit être déclaré priorité nationale avec des plans d'aide mis en place, au niveau des agences de l'eau mais de façon nationale, et qu'il est essentiel d'associer les politiques préventives et curatives pour prendre en compte ces héritages, puisque l'on entre dans un état de semi-schizophrénie entre les objectifs recherchés et les moyens de fonctionner. Nous pouvons mener des actions très opérationnelles très rapidement avec les financements des Agences de l'Eau sur les renouvellements des réseaux d'eau potable qui n'existent pas dans certaines agences, ce qui est dramatique alors que ces financements existent. Il serait également essentiel dans les modalités d'attribution de subvention de mettre en place d'une bonification d'aides pour le rural et d'intégrer une bonification pour services vertueux comme cela existe dans certains départements. Il serait également essentiel d'opérer une simplification des mécanismes d'obtention des aides, car aujourd'hui c'est un vrai frein au développement de la politique d'investissement public.

Pour conclure, il apparait absolument nécessaire de revoir le financement des services d'eau puisque, aujourd'hui, la rémunération se fait directement proportionnellement au volume consommé, alors que les objectifs du service sont justement de diminuer les volumes consommés pour prévenir la raréfaction de la ressource et les guerres d'usage qui vont en découler.

Michel Senimon
Merci pour cette intervention éclairante mais, sans verser dans le catastrophisme, c'est une véritable prise de conscience que de nous avoir mis en perspective ce mur, cette falaise, ce gouffre qui nous attend sur le renouvellement de tous les réseaux d'alimentation en eau… Nous sommes face à un défi majeur ;

Christophe Bonnotte
Le coût de l'eau est-il aujourd'hui un problème ? On a pu se poser la question par rapport au pétrole : le prix bas du pétrole est un problème, qui soulève la question de la consommation d'énergies fossiles : donc le coût de l'eau est-il un problème, le prix de l'eau est-il trop bas ?

Julie Eissen
Tout dépend où l'on se place. Aujourd'hui, sur la moyenne nationale, le prix de l'eau est trop bas, et il ne met pas en perspective le fait que l'on est en train d'utiliser une ressource vitale pour l'humanité ; la population n'a pas conscience des enjeux et, effectivement, nous ne sommes pas tous égaux face à l'accès à l'eau. Il est évident, et cela a été démontré par plusieurs études notamment en Seine-et-Marne, qu'il est nécessaire de revoir, de requalifier le prix du mètre-cube d'eau pour pouvoir financer ces infrastructures ; dans le territoire dont je vous parle, le prix du mètre-cube aujourd'hui de la facture d'eau rendu à l'usager dépasse les 10 euros au mètre-cube, ce qui, pour des personnes de la proche couronne parisienne, est complètement irréel.

Christophe Bonnotte
Justement, le risque est de créer une fracture sociale au niveau de l'accès à cette ressource qu'est l'eau, avec des prix différenciés ; ne va-t-on pas avoir une forme de pauvreté avec cette fracture de l'eau, comme on a pu avoir des fractures numériques ?

Julie Eissen
Vous avez tout à fait raison, et c'est tout le sens de mon intervention : la population en milieu rural ne peut pas voir accès à toutes les infrastructures standards, elle est plus pénalisée par la situation et la faiblesse des possibilités de financement de son service. Et c'est pourquoi il est essentiel de revoir les mécanismes et de prendre en compte ces inégalités. C'est un sujet majeur, notamment pour revoir le coût supporté par les usagers, mais il est important de rester sur un coût mesurable et acceptable par la population. Deux euros, c'est un peu cher ; peut-être que, 20 euros, ça sera très cher. Mais quel est le coût nécessaire pour une ressource de première nécessité absolument vitale ?

Michel Senimon
« A quand un autre mode de calcul de l'eau ? » qui serait fondé, par exemple, sur la composition des ménages, le nombre de personnes, le nombre de mètres-carrés ; peut-on imaginer d'autres dispositifs, d'autres mécanismes de calcul du coût de l'eau ?

Julie Eissen
C'est un sujet sur lequel nous essayons de réfléchir, parce que l'on voit les limites du système avec la problématique de la diminution nécessaire des consommations d'eau. Le mécanisme de financement aujourd'hui pose problème étant donné que la part fixe qui permet de financer la totalité du service est bien trop faible. Nous sommes donc en train de regarder d'autres mécanismes de financement qui existent, en Europe et notamment en Belgique, où il existe des tranches de financement liées à des volumes consommés. La difficulté est que, pour amortir des infrastructures sur des volumes, cela nécessiterait de réformer en profondeur tout le système de financement, y compris sur les délégations de service public.

Jacques Ganoulis
Ancien secrétaire spécial chargé de l'eau du Ministère de l'énergie et de l'environnement de Grèce
Directeur de la Chaire UNESCO/Réseau international de Centres sur la gestion durable de ressources en eau et environnement pour les Balkans et la résolution des conflits (Grèce)

Permettez-moi de passer de ce qui a été dit sur le prix de l'eau vers un sujet un peu plus philosophique, puisque je vous parle depuis Athènes, berceau de la philosophie occidentale.
En fait, le thème de la conférence sur la politique de l'eau en Europe, est une problématique pas seulement des pays européens mais aussi de l'Union Européenne toute entière. Ayant passé ma carrière professionnelle à étudier et enseigner la science de l'eau à l'Université, ensuite à l'UNESCO en tant que consultant au programme international hydrologique, puis pendant quatre ans au poste de Secrétaire d'Etat chargé de la politique de l'eau, j'ai acquis une certaine expérience pour vous parler des problèmes de l'eau en Grèce.
Toutefois, je pense que ce thème n'est pas le plus intéressant pour les participants de la conférence, car les problèmes de l'eau en Grèce ont les mêmes caractéristiques que la problématique européenne. Nous avons par exemple en Grèce, des nappes aquifères en déclin, comme c'est le cas dans la région de Thessalie, terre très fertile, où les agriculteurs ont puisé complètement la nappe phréatique. Nous avons en Grèce des problèmes de pénurie d'eau dans les petites îles de la mer d'Egée, où il n'y a pas assez d'eau provenant des précipitations. Nous assistons donc à la salinisation des nappes côtières, du fait d'un pompage excessif des eaux souterraines.
Les politiciens ont-ils conscience de tout cela et existe-t-il une volonté politique en Europe pour affronter les problèmes de l'eau? Actuellement, à cause du changement climatique, de toutes les sècheresses et inondations, la problématique de l'eau en Méditerranée et en Europe du Sud n'est pas différente de celle des pays du Nord: nous avons les mêmes problèmes. Ce qui est important est d'avoir *une gouvernance de l'eau européenne commune*. C'est sur ce sujet que je voudrais passer quelques

minutes, pour vous montrer que, finalement, il existe parfois une confusion entre ce qui relève de la *gestion*, de la *règlementation* et de la *gouvernance* de l'eau.
Prenons un exemple: lorsque l'on pratique la navigation avec un bateau à voile, l'essentiel pour la conduite du bateau contre le vent adverse et contre les vagues, c'est-à-dire par analogie, pour gérer l'eau contre tout ce qui vient des problèmes sociaux, c'est la *gouvernance* pour arriver à destination. Deux outils soutiennent la gouvernance : *les lois,* qui peuvent être établies et modifiées par la politique du gouvernement et *la gestion,* qui est l'application de la loi et des consignes du gouvernement ou des responsables politiques. La *gouvernance* est, en effet, la mise en politique de la *gestion* et la *législation*.
Si en Europe, nous avons une gestion commune à travers la DCE (Directive Cadre Européenne), c'est la *gouvernance européenne* qui nous fait défaut. Cette gouvernance est différente entre les pays-membres comme les Pays-Bas, la Grèce ou la France, avec tout ce qui en découle concernant la coordination sur la gestion de l'eau entre les territoires, les villes et les Agences de l'Eau. En fait, la gouvernance de l'eau par les pays-membres n'est pas une gouvernance européenne intégrée. Pour améliorer la gestion de l'eau en Europe, il faut avoir un modèle de gouvernance plus efficace, plus global et plus européen.
Je vais schématiser le lien entre une autorité régulatrice de l'eau au niveau national et la gestion de l'eau par les collectivités territoriales. Tous les pays européens n'ont pas de régulateur national de l'eau, alors que pour le prix de l'eau, il est très important d'avoir une autorité qui fixe les seuils à ne pas dépasser. En Grèce, nous avons les plans de gestion des bassins versants et tout ce qui vient de l'application de la DCE. En fait, la diversité des territoires, par exemple ceux des régions, préfectures, municipalités et agences d'eau potable et assainissement, doit être coordonnée: en France, il existe un modèle de coordination efficace entre ces acteurs de l'eau, mais l'on a aussi besoin d'une règlementation et d'une directive européenne commune afin d'obtenir une meilleure gouvernance.
Les éléments d'une bonne gouvernance sont, tout d'abord, l'application des résultats de la recherche et de la connaissance scientifique afin d'obtenir une règlementation

efficace et une meilleure adaptation au changement climatique. Bien sûr, on passe beaucoup de temps à parler de l'effet de serre et du changement énergétique de nos sociétés et l'on parle très peu, du rôle primordial de l'eau à l'adaptation climatique. Nous avons en Europe l'expérience et les connaissances scientifiques nécessaires, et en plus, avec la mise en concours de la *diplomatie de l'eau,* nous pouvons aboutir à une *gouvernance d'eau européenne*, et à une gestion efficace des eaux partagées, comme dans le cas des grands fleuves européens, tels que le Danube et l'Escaut.

Istvan Temesi
Maître de conférences
Université nationale du service public (Hongrie)

Je voudrais parler de la quantité de l'eau. La quantité de l'eau implique que nous avons deux problèmes, comme partout s'il n'y a pas d'eau et s'il y en a beaucoup. En Hongrie, le changement climatique est le problème général, mais le pays est aussi menacé par la sècheresse ; selon la direction générale de la gestion des catastrophes, 90% du territoire de la Hongrie est menacé par la sècheresse et, quatre années sur dix, en moyenne, une sècheresse cause des dommages dans l'agriculture. C'est plutôt un problème pour l'agriculture et l'industrie, ce qui veut dire que l'alimentation en eau potable est assurée.
L'alimentation en eau potable est donc plutôt un problème de qualité chez nous, parce que, dans certaines communes, il n'y a pas d'eau de bonne qualité.
Le deuxième problème est que, quand il y a beaucoup d'eau, il y a des inondations ; pour vous l'expliquer, je dois parler du contexte géographique. La Hongrie est dans le bassin des Carpates avec deux caractéristiques : 45% de la Hongrie est une plaine, et 25% est à basse altitude, c'est-à-dire au-dessus de 100 mètres du niveau de la mer, et cela pose des problèmes. Nos rivières et nos fleuves viennent de l'extérieur ; il y a des montagnes autour de la Hongrie, et 95% des sources d'eau dérivent de l'extérieur : cela signifie que nous ne pouvons pas nous protéger seuls des inondations. Nous avons plus de 4.000 kilomètres de barrages, des traditions quant à la protection contre

les dommages et contre les inondations ; il y a eu de grands travaux publics au 19ème siècle parce que les rivières et les fleuves n'avaient plus d'espace, et cela a posé problèmes. Le changement de climat a également causé des phénomènes extrêmes, par exemple, l'inondation au cours des vingt années passées : il y a eu vingt-et-une fois des records de niveau d'eau ; il faut donc fortifier et relever les barrages en Hongrie, et c'est maintenant un projet national.
Les territoires menacés par les inondations en Hongrie représentent 25% du territoire, et comme nous ne pouvons pas nous protéger tous seuls, c'est le rôle de la coopération internationale : nous avons sept conventions bilatérales avec chaque pays voisin ; par ces conventions, nous avons formé les Commissions Communes de la Gestion de l'Eau, pour une protection commune avec ces pays. Cela veut dire que, pour nous, la protection contre les inondations est une affaire un peu internationale.
Notre problème suivant est un phénomène typiquement hongrois : la nappe ; comme la Hongrie est une plaine, nous disons que la Hongrie est une lavette : sans l'activité humaine, l'eau dérivant des précipitations ne peut pas sortir. En Hongrie sur la terre cultivée, et il n'y a pas une inondation, c'est la nappe qui cause des problèmes, ce qui veut dire que nous devons construire les canaux, les installations, parce que le tiers du territoire de la Hongrie est menacé par la nappe.
Quant à la gestion de l'eau, nous avons une loi sur la gestion de l'eau qui nous donne une définition de cette gestion ; chez nous comme en France, l'eau fait partie du patrimoine commun et tout le monde, l'Etat comme les personnes individuelles, est obligé de protéger, conserver et préserver l'eau. Mais nous avons également un droit fondamental, le droit à la santé physique et psychique, et ce droit est mis en œuvre au moyen de la protection de l'accès à l'eau potable ; cela veut dire qu'en Hongrie tout le monde a le droit à l'accès à l'eau potable. Nous avons donc une loi sur la gestion de l'eau, et une autre sur la prestation du service public de l'eau. La loi sur la gestion de l'eau définit la notion de gestion de l'eau, mais certaines activités (comme l'arrosage, la biodiversité, le transport fluvial, les travaux de construction d'ouvrages fluviaux, l'éducation, les loisirs) ne sont pas réglées

par cette loi. Si l'on regarde les institutions, le Parlement adopte les lois, le gouvernement forme la politique : chez nous, la stratégie nationale de gestion de l'eau est un plan structurant, le plan de politique de l'eau, et le gouvernement règle le sujet de la gestion de l'eau. Nous disposons aussi d'organes interministériels : le Cabinet Stratégique et des Affaires de la Famille du Gouvernement ; ce cabinet du gouvernement est responsable de la gestion de l'eau, de la fourniture des services d'eau, de la direction des organes de la gestion de l'eau et de la protection contre l'inondation et de l'eau, et aussi coordonne cette gestion au nom du gouvernement. Il existe également des organes consultatifs, comme le Conseil National de la Gestion de l'eau au niveau national ; et ce genre de corps consultatifs existent aussi au niveau régional (quatre conseils de sous-bassin hydrographique) et au niveau territorial (douze conseils territoriaux de gestion de l'eau dans les bassins hydrographiques).

L'organe responsable de la gestion de l'eau au niveau ministériel est le ministre de l'Intérieur depuis 2012. Le ministre de l'Intérieur est le membre du Gouvernement responsable pour la gestion de l'eau, pour la direction des organes de la gestion de l'eau et pour la protection contre les inondations et des dommages de l'eau. Le ministre de l'Agriculture est responsable pour la gestion de l'eau dans l'agriculture sauf la prestation de l'eau d'irrigation. L'obligation du ministre de l'Innovation et de la Technologie est la réglementation de la prestation de l'eau. Le ministre des Ressources Humaines est responsable pour l'eau potable et les eaux de baignade relatives à la santé publique.

Les organes sectoriels de l'administration publique de la gestion de l'eau sont ceux qui sont responsables de la gestion de l'eau et ceux qui sont responsables pour la protection des eaux et des autorités publiques de l'eau. L'organe du Gouvernement responsable pour la gestion de l'eau est la Direction Générale de la Gestion de l'Eau qui est un organe administratif au niveau national, dont les fonctions sont la direction des organes de la gestion de l'eau et la direction des tâches concernant la protection contre les dégâts causés par les eaux (les inondations) et l'action des organes territoriaux de la gestion de l'eau, mais aussi la coordination et le contrôle professionnel de l'action des organes déconcentrés. La Direction Générale de la Gestion de l'Eau est subordonnée au ministre de l'Intérieur et dirige 12 unités déconcentrées dont les territoires de l'opération sont développés selon les caractéristiques hydrographiques du pays. Ces directions déconcentrées réalisent la protection contre les dégâts causés par les eaux. L'organe responsable pour la protection des eaux et des autorités publiques de l'eau est la Direction Générale de la Gestion des Catastrophes de ministère de l'Intérieur qui est l'organe national de la protection de l'eau, y compris la protection contre les dégâts causés par les eaux. Ses fonctions sont la direction de la mise en œuvre de la protection et les autorisations, le contrôle et elle opère comme autorité de deuxième instance. La Direction Générale de la Gestion des Catastrophes dirige les 20 directions départementales de la gestion des catastrophes qui sont ses organes déconcentrés. Comme la gestion de l'eau est dans les mains de l'Etat, le rôle des collectivités locales, surtout les communes, est plutôt la prestation de service, notamment l'opération des réseaux des services de l'eau : la prestation de l'eau à travers des sociétés commerciales.

La place des scientifiques est également importante : depuis plus de cent ans existe un Institut de Recherche Scientifique de la Gestion de l'Eau (fondé en 1886), qui a été transformé plusieurs fois. Depuis 2012, sa forme juridique est une société à responsabilité limitée. Notre université, l'Université Nationale des Services Publics, a une faculté de gestion de l'eau depuis 2017 ; l'ingénierie et la gestion de l'eau sont des sujets qui sont maîtrisés dans l'une de nos facultés de cette université.

Je vais enfin vous parler de l'évolution de la gestion de l'eau. Au niveau ministériel, la gestion de l'eau faisait partie de la gestion des travaux publics, de l'agriculture ou des transports ; maintenant, c'est le portfolio du ministre de l'intérieur. Quand on a réalisé en Hongrie une intégration organisationnelle, parce que les tâches de la gestion de l'eau ont été séparées, la protection était une responsabilité du ministre de l'intérieur mais la gestion des établissements et les tâches professionnelles étaient sous la responsabilité du ministre en charge des eaux. Maintenant, ces deux responsabilités ont été intégrées à l'organisation : le chef de

la gestion de l'eau est maintenant le ministre de l'intérieur ; le ministre de l'Intérieur est le membre du gouvernement responsable de la gestion de l'eau, et il dirige aussi des organes de la gestion de l'eau (c'est le résultat de l'intégration), notamment la Direction Générale de la Gestion de l'Eau et la Direction Générale des Catastrophes. Mais il y a des tâches nombreuses qui sont réparties : plusieurs ministres interviennent aussi dans le domaine de l'eau. Le ministre de l'Agriculture, le ministre de l'Innovation et de la technologie, le ministre des Ressources Humaines, ce qui montre qu'il est impossible de confier la gestion à un seul ministre.
Pour résumé, en Hongrie nous avons réalisé une intégration organisationnelle. La protection contre les inondations et le sujet de la gestion de l'eau ont toujours été centralisés, ce qui signifie qu'il n'y avait pas d'autorité régionale, ni de tâches pour les collectivités locales. Si on parle d'intégration, c'est de la gestion des tâches au niveau ministériel.

Michel Senimon
C'est vraiment un modèle à contre-courant de tout ce que nous avons vu : il n'existe pas de gestion déléguée, publique-privée, de partenariat ; la gestion est très centralisée et très gouvernementale, mais la compétence est éclatée ; c'est une fragmentation au niveau ministériel, sachant qu'on ne descend pas au-dessous de ce niveau, ce qui est peut-être un problème.

Istvan Temesi
La prestation, c'est-à-dire effectuer l'alimentation en eau potable, est une tâche dans les mains des collectivités locales. Mais la direction de la gestion est vraiment centralisée.

Michel Senimon
La Hongrie dispose-t-elle d'un Conseil National de l'Eau, à un niveau interministériel ?

Istvan Temesi
Oui, bien sûr. Il y a un conseil consultatif qui représente la Science, des universités, les professionnels et aussi, un peu, les citoyens ; mais c'est surtout un organe professionnel.

Michel Senimon
Dans un monde subissant une décrue énergétique et hydrique, jusqu'à quand va-t-on repousser la remise en cause en profondeur de nos modes de vie, la base des dérives constatées ?

Jean-Emmanuel Gilbert
C'est effectivement une des questions qui est posée par tout le système de production et de consommation, pas simplement pour l'eau ou l'énergie, mais également pour les autres ressources, sur les surfaces agricoles, par exemple ; cela ne va plus tenir très longtemps, à mon avis : c'est un problème physique, ce n'est plus un problème politique, et c'est un peu cela qui fait le basculement actuellement : la prise de conscience, on le voit sur la gestion de l'eau, vient du fait qu'il n'y a plus d'eau ou que l'on a des problèmes physiques, sinon nous aurions continué de la même manière. Mais tant que l'on continue dans cette situation, en essayant d'empiler des technologies, donc de l'énergie, donc des rejets, on aggrave le problème systémique.

Michel Senimon
Donc la réponse est dans la question : à un moment, il va falloir physiquement arrêter d'être « open-bar », quand on va rencontrer le mur ; le problème c'est que le mur se rapproche.

Jacques Ganoulis
Je voulais contribuer à la réponse à cette question fondamentale, celle du développement durable et, finalement, que fait-on si on ne suit pas un peu les lois naturelles, comme le cycle de l'eau (altéré à cause du changement climatique). Il faut mettre nos besoins, nos utilisations de l'eau en relation avec la loi naturelle du cycle de l'eau ; ce n'est pas seulement pour l'eau potable mais aussi pour tout ce qui concerne l'agriculture et les autres usages. Donc tout ce qui est « Nature based solutions » (« Solutions basées sur les lois naturelles ») pourrait être une réponse à cette question.

Chapitre 2

Les projets territoriaux sur l'eau en Nouvelle-Aquitaine

Présentation

Michel SENIMON

Cette séquence va démontrer l'action des pouvoirs publics sur la gestion de l'eau et la prise en compte de projets territoriaux. Sur ce territoire du Limousin à l'intérieur de la région Nouvelle-Aquitaine, nous bénéficions d'une certaine cohérence, en tout cas un temps politique qui s'annonce fort, sur l'émergence de projets territoriaux sur la question hydrique. Il y a, bien entendu, la feuille de route NéoTerra qui constitue le cadre dressé par la région Nouvelle-Aquitaine, mais dans ce cadre sont en train de naître, de se développer des projets très ambitieux : celui de la communauté urbaine Limoges-Métropole, qui s'appelle « Limoges-Métropole : territoire en transition hydrique » et aussi une étude très intéressante sur la disponibilité en eau potable sur le territoire du département de la Haute-Vienne, qui va déboucher sur un programme d'actions assez exigeant ; il est assez rare que, à un moment, temps administratif et temps politique s'accordent sur cette question fondamentale qu'est la gestion de l'eau, et il nous a paru nécessaire d'illustrer ce colloque, à travers une action très concrète. Cette séquence s'ouvre donc sur les projets territoriaux.

La feuille de route NéoTerra et l'action publique de l'eau

Christelle ZALAS
Cheffe du service de l'eau au sein de la direction économique environnementale de la région

Je voulais vous remercier d'avoir associé la région Nouvelle-Aquitaine à ce colloque sur les politiques de l'eau, sujets qui nous tiennent particulièrement à cœur, et je vais pouvoir l'illustrer au cours de ma présentation de la feuille de route NéoTerra. L'objet de mon intervention est de présenter cette feuille de route, et plus particulièrement de faire un focus sur les ambitions que la région Nouvelle-Aquitaine a souhaité lui donner en faveur de la transition écologique et énergétique.
La genèse de cette feuille de route, adoptée par le Conseil Régional en Juillet 2019, fait suite à un travail fort intéressant de plusieurs chercheurs dans le cadre d'un collectif que nous appelons AcclimaTerra, qui a pu identifier les vulnérabilités de la région Nouvelle-Aquitaine, territoire qui représente 1/5 du territoire métropolitain aujourd'hui, face au changement climatique. Les constats posés étaient assez prégnants puisque, à titre d'illustration : au cours du 20ème siècle, la région Nouvelle-Aquitaine a connu une augmentation de la température de près de 1,5°C, ce qui a un impact fort sur l'ensemble de nos activités ; après ce constat, les élus de la région Nouvelle-Aquitaine ont souhaité définir une trajectoire, avec un horizon fixé à 2030, et dans le cadre de cette feuille de route NéoTerra, ont décliné des objectifs très ambitieux à cette échéance. L'idée de cette feuille de route est, bien évidemment, de donner une direction aux politiques régionales, mais elle doit permettre de fédérer tous les acteurs Néo-Aquitains et de les mobiliser pour une vraie prise de conscience et pour montrer que, face au changement climatique qui est déjà là, il faut s'engager dans des mutations et que l'on aille vers des changements de nos pratiques anthropiques.

Cette feuille de route NéoTerra est aujourd'hui déclinée en onze ambitions très transversales, en faveur de la sensibilisation des citoyens, mais aussi en faveur de l'agriculture, des entreprises, et, parmi ces ambitions, il y en a une spécifique à la préservation de la ressource en eau.
Avant d'entrer dans le détail de cette ambition, il est nécessaire de tracer un rapide constat de ce qu'est la ressource en eau en Nouvelle-Aquitaine ; cette région représente donc 1/5 du territoire métropolitain, elle a une grande diversité de milieux aquatiques et d'écosystèmes, et toute cette diversité est le support de nombreuses activités anthropiques : on pense aux activités de conchyliculture, cette ressource est aussi le support de beaucoup d'activités touristiques, que ce soit sur le littoral ou sur la partie plus continentale de la région. Cette grande diversité fournit plein de services écosystémiques que l'on oublie parfois, évoqués à plusieurs reprises au cours des interventions. Tous ces milieux permettent d'atténuer la gestion des risques, d'être le support d'activités anthropiques ; ces milieux aquatiques font que nous sommes l'une des régions qui a la plus grande biodiversité aquatique, et de nombreuses espèces-repères, qui sont aussi des espèces sensibles au changement de la ressource en eau.
Fort de l'ensemble de ces constats et de l'ensemble des recherches scientifiques menées (AcclimaTerra mais aussi de nombreuses études prospectives menées sur la ressource en eau sur le territoire ou en train d'être menées comme « Charente-2050 » ou « Dordogne-2050 »), nous constatons qu'apparaissent de forts enjeux sur ce territoire. La Nouvelle-Aquitaine est à 75% sur ce que l'on appelle une « zone de répartition des eaux », c'est-à-dire que 75% de notre territoire a une quantité d'eau qui n'est pas suffisante pour les besoins d'un territoire. La région prélève aujourd'hui plus de 1,5 milliards de mètres-cubes d'eau par an, le principal consommateur étant l'agriculture, et ces prélèvements vont augmenter à l'avenir, l'attractivité démographique va amplifier ces besoins.
Je viens de vous parler des aspects quantitatifs, mais nous avons aussi une qualité d'eau qui se dégrade, puisqu'aujourd'hui plus de 50% des masses d'eau de surface ne sont pas en bon état, et 29% des masses d'eau souterraines ne sont pas non plus en bon état. A titre d'illustration, 36% des cours d'eau de la Nouvelle-

Aquitaine sont classés en risque face aux pesticides ; on constate également une forte fragmentation des cours d'eau, plus importante que la moyenne nationale, puisque, en Nouvelle-Aquitaine, on a 21 obstacles sur 100 kilomètres de cours d'eau, alors que la moyenne nationale est de 15 obstacles.

Tel est le constat aujourd'hui, et l'on sait que, dans l'avenir, avec les effets attendus du changement climatique, ce constat va empirer, puisque les études (notamment AcclimaTerra) ont démontré qu'à l'avenir il y aurait une modification du régime de la ressource : moins d'eau en été, plus d'eau en hiver ; moins d'eau en été, cela posera des problèmes de disponibilité de la ressource : vous l'avez précisé ce matin, certains territoires sur le Limousin ont eu des ruptures d'approvisionnement en eau potable au cours de l'été dernier ; et puis, plus d'eau en hiver, cela signifie plus de phénomènes d'inondations à venir. On sait également que, si l'on maintient les usages tels qu'ils sont aujourd'hui sur le bassin de la Garonne, nous aurons un déficit de près d'un million de mètres-cubes d'eau par an ; le constat est donc alarmant, les choses seront d'autant plus inquiétantes à l'avenir.

Les élus de la région Nouvelle-Aquitaine ont donc souhaité, dans le cadre de sa feuille de route « transition écologique et énergétique », faire de l'eau une ambition pour la région, avec deux défis à relever à l'horizon 2030 ;

- le premier est de réguler les usages : l'idée est d'éviter les conflits d'usage, de ne pas être obligés de faire des choix dans les usages mais essayer de les raisonner pour apporter une solidarité dans le maintien de la ressource en eau ; pour cela, nous souhaitons évidemment accompagner le changement de pratiques, que ce soit dans l'agriculture, dans nos défis quotidiens de citoyens ou dans l'industrie.
- Le deuxième défi est d'essayer de diminuer les phénomènes de pollution présents aujourd'hui et de restaurer une bonne qualité de l'eau ; pour ce faire, les élus régionaux se sont fixé des objectifs très ambitieux à l'horizon de 2030 : diminuer de 30% la consommation d'eau en agriculture pendant les périodes de sècheresse, sortir en totalité de l'usage de pesticides de synthèse d'ici

> 2030, mais aussi accompagner les industriels pour qu'ils diminuent leur consommation d'eau de 50% et qu'ils intègrent dans l'utilisation de leurs process de la réutilisation de l'eau à hauteur de 30% ; enfin, nous avons affiché un objectif très ambitieux au regard de la qualité de nos bassins puisque l'objectif est que 100% de nos masses d'eau puissent être en bon état dans sept ans.

Le fait d'afficher l'eau comme une ambition dans le cadre de NéoTerra, c'est aussi d'afficher que l'eau ne peut pas être traitée uniquement par des spécialistes ; c'est l'ensemble des acteurs qui doit se saisir de cette problématique ; aujourd'hui, les citoyens, les entreprises, les agriculteurs ont pris note des enjeux de l'énergie, mais il faut que l'ensemble des acteurs prenne en compte le mur face auquel nous sommes en ce qui concerne la ressource en eau. Pour parvenir à ces objectifs, nous souhaitons, en région Nouvelle-Aquitaine, activer plusieurs leviers : l'idée est d'accompagner le secteur agricole dans le changement de pratiques, vers des pratiques d'agroécologie ; cela se traduit dans un travail de la Direction de l'Agriculture avec chacune des filières agricoles de la région Nouvelle-Aquitaine pour passer des « contrats de filière » (des engagements de la profession agricole de limiter sa consommation d'eau, mais aussi d'avoir des pratiques qui permettent d'avoir une eau de meilleure qualité). Cela passe aussi, par exemple, par le développement de la certification environnementale, ou par le développement de l'agriculture biologique ; et, notre vision étant très transverse, l'idée de développer l'agriculture biologique n'est pas uniquement tournée vers les agriculteurs, mais nous voulons travailler aussi avec les filières pour permettre aux consommateurs d'accéder plus facilement aux productions biologiques, sur la question de la restauration collective, sur les plans d'approvisionnement territoriaux, pour intégrer notamment dans la restauration collective ces produits biologiques produits en Nouvelle-Aquitaine. Voilà donc quelques illustrations de leviers d'action sur l'agriculture ; nous travaillons également dans le secteur de l'industrie et des entreprises, avec des dispositifs d'accompagnement des industries pour qu'elles aient une meilleure efficacité hydrique, tant sur les prélèvements que

sur les rejets ; nous travaillons aussi à la mise en place de nouveaux projets de réutilisation des eaux usées, ce que l'on appelle barbarement la « reuse », pour permettre une meilleure autonomie des entreprises, mais aussi une anticipation d'éventuelles ruptures d'approvisionnement qu'elles pourraient connaître en période d'étiage.
Nous travaillons ainsi avec tout un ensemble d'acteurs à l'échelle des bassins versants, sur des actions en faveur de la restauration des milieux aquatiques ; nous avons fait de l'échelle du bassin-versant, au sein de la région Nouvelle-Aquitaine, une échelle prioritaire : nous considérons aujourd'hui que la gestion de l'eau se gère à une échelle cohérente, celle du bassin versant et, à ce titre, nous travaillons beaucoup avec les acteurs de ces bassins versants, que ce soient les établissements publics territoriaux de bassins ou les syndicats plus opérationnels qui connaissent bien les problématiques. L'eau, en Nouvelle-Aquitaine, est disponible et différente selon les territoires et, pour nous, il est obligatoire de travailler avec ces territoires.
L'accompagnement des EPCI est également une réalité, avec un appel à projets sur les territoires sans pesticides, pour que ces EPCI puissent avoir une feuille de route comme la nôtre sur des territoires intercommunaux. Bien évidemment, le domaine de l'eau est complexe avec de nombreux acteurs, et tout cela ne peut se faire qu'avec les acteurs des territoires, en veillant à une certaine cohérence des politiques publiques de l'eau ; pour ce faire, nous travaillons énormément avec les Agences de l'Eau et l'Etat : nous venons de signer avec les deux agence de l'Eau, Adour-Garonne et Loire-Bretagne, ainsi que l'Etat, une convention de partenariat qui nous permet de mieux caler nos modalités d'intervention et d'avoir une réelle cohérence de la politique en faveur de l'eau, donc de relever ce défi qui est devant nous.

Michel Senimon

Nous allons pouvoir apprécier la parfaite illustration de cette cohérence au travers des projets territoriaux de la communauté urbaine Limoges-Métropole, mais aussi au travers de l'étude conduite par le conseil départemental de la Haute-Vienne. Vous venez de tracer cette feuille de route, et nous avons la chance sur ce territoire que le temps politique s'articule au-delà de la couleur politique des uns et des autres : la prise en compte de cette ambition, en tous cas de cette menace qui pèse sur l'eau est réelle, tout comme la volonté de chacun d'apporter sa pierre, à chaque niveau d'intervention publique dont il est responsable ; la région a un cadre d'intervention exigeant, avec des objectifs clairement affichés, une feuille de route à 2030. Il existe une vision politique, un horizon, un projet et un calendrier. Or, dans ce cadre-là, sont en train de se développer des projets territoriaux que nos intervenants vont illustrer.

Limoges-Métropole, un territoire en transition hydrique

Philippe JANICOT
Vice-président de Limoges-Métropole, en charge du cycle de l'eau, de l'assainissement, de la gestion de l'eau pluviale et de la démarche-qualité

Je me réjouis de voir notre partenariat avec Europa aujourd'hui renouvelé. Limoges-Métropole s'est engagée, cette année encore, à soutenir massivement Europa dans son action et, à ce titre, je tiens à renouveler nos sincères félicitations, comme l'a mentionné notre Président Guillaume Guérin ce matin, aux organisateurs de ce colloque afin que cette 24ème édition soit maintenue. Je suis donc heureux de pouvoir vous présenter à cet effet notre projet ambitieux : « Limoges-Métropole : territoire en transition hydrique ».

Un peu de sémantique pour commencer : on entend par « transition » une dynamique d'évolution positive, comme la transition écologique, par exemple ; cette démarche est, bien évidemment, le fruit d'une stratégie politique : être un territoire résilient vis-à-vis des contraintes multiples qui affectent la gestion de l'eau, que ce soit par les pénuries ou la qualité.

Pour quels objectifs mener ce projet ? Nous avons identifié quatre objectifs majeurs. Premièrement, anticiper les conflits d'usage à venir, qui émergent déjà ponctuellement, compte tenu de la ressource globale du bassin hydrographique en permettant la mise à disposition d'eau de qualité en quantité pour tous les usages. Deuxièmement, renforcer la gestion dynamique et l'amélioration des performances économiques des entreprises agricoles, industrielles, et les services publics dont les activités nécessitent de l'eau. Troisièmement, soutenir le développement d'entreprises offrant des solutions innovantes sur les territoires pour le développement de nouveaux projets. Dernièrement, communiquer sur une image de territoire plus résilient, exemplaire et innovant, un territoire attractif mettant en valeur les actions existantes dans le domaine de l'eau, notamment relevant de l'enseignement supérieur, de la formation et de la recherche.

Limoges-Métropole pourrait ainsi devenir un des premiers territoires d'Europe en transition hydrique, intégrant le réseau mondial des « Water sensitive cities », qui lui permettrait de réaliser des échanges de bonnes pratiques et d'obtenir une visibilité internationale.

Mais pourquoi, en quatre points, notre territoire métropolitain est-il légitime à porter ce projet ?

Premièrement, une volonté politique affirmée en adéquation avec nos compétences ; Limoges-Métropole est un EPCI aux compétences multiples qui a décidé de conduire une politique systémique dans le domaine de l'eau, et ce au travers de ces trois domaines d'intervention prioritairement concernés : eau potable, assainissement, rivières. En effet, Limoges-Métropole pourrait porter des expérimentations sur ses propres infrastructures, au titre de sa gestion en régie des réseaux d'eau potable et d'assainissement. Ce serait bénéfique pour le développement économique ; en effet, notre EPCI accompagne les filières d'excellence de notre territoire, parmi lesquelles l'eau trouve toute sa place, ce qui justifie que la communauté urbaine puisse accompagner l'ingénierie de ce projet et soutenir financièrement ces actions par des appels à projets, par exemple, dans l'enseignement supérieur et la recherche d'innovations ; en effet, à travers sa stratégie d'innovation territoriale, Limoges-Métropole a mis en avant les filières de l'eau, au sens du cycle urbain de l'eau : ainsi, nous soutenons la recherche et l'enseignement, par exemple le soutien de projets de thèses, le soutien du colloque Europa ; ce soutien et ces démarches visent à irriguer l'ensemble des politiques publiques de notre intercommunalité. Enfin, Limoges-Métropole est propriétaire d'un certain nombre d'équipements (la coupole Ester, le CIR), et gère certains services, comme l'abattoir, qui pourraient être des sites d'expérimentation.

Deuxième point : un terreau favorable. D'abord, l'eau est un élément historique du développement industriel et social du territoire ; la Vienne a toujours été au cœur du développement du territoire, et l'eau est l'un des éléments fondateurs de l'industrie porcelainière de Limoges : la force motrice de la rivière faisait tourner des moulins qui broyaient le kaolin nécessaire à la production porcelainière, et le bois, destiné à l'alimentation des fours à porcelaine, arrivait par flottage sur la rivière ; c'est pour cela que l'on avait un port, le port du Naveix. Cette industrie de production de kaolin alimentait les manufactures de porcelaine locale, mais aussi celles de toute l'Europe : Amsterdam, Copenhague, Londres, Zurich, Saint-Pétersbourg, pour ne citer qu'elles. Ensuite, l'existence d'une politique constante dans le domaine de la sécurisation de la ressource, menée par ceux qui géraient déjà hier l'eau potable, avec la création de barrages, dont le principal pour nous, celui du Mazeau. Enfin, la présence d'un écosystème complet, et une masse critique d'entreprises expertes du domaine de l'eau. Que sont la formation et la recherche ? Historiquement, la première école universitaire sur l'eau fut créée à Limoges, en 1972, où ont été formés 600 masters et docteurs, 600 licences pros, 750 BTS GEMEAU, 800 au lycée Raoul Dautry, l'ENSIL (avec l'environnement et une partie mécatronique), le CRIDEAU. Beaucoup de formations ont été faites sur notre secteur. En France, les activités liées à l'eau représentent 123.800 emplois, directs et indirects (90.000, environ, pour les directs, soit 13.500 encadrants au niveau technique), 5.000 entreprises dans ce domaine, 28,4 milliards de chiffre d'affaires (l'agriculture est la principale consommatrice d'eau, en France, essentiellement à des fonds d'irrigation).

Troisième point : un contexte national politique favorable. La gestion de l'eau est un enjeu majeur pour demain, que toutes les collectivités ont à l'esprit. Avec ce projet, Limoges-Métropole impulsera une véritable dynamique locale en la matière ; notre projet communautaire s'inscrit dans un contexte national, mais aussi régional, visant une meilleure utilisation de l'eau au regard des risques de conflits d'usages que génère notamment le changement climatique. La volonté nationale, par le pacte national pour l'eau, fixe des objectifs de réduction des consommations domestiques, industrielles et agricoles, de 10% en cinq ans et de 25% en quinze ans. Mais il y a également une volonté régionale avec la feuille de route

NéoTerra, qui vise à diminuer la consommation d'eau régionale de 30%, dans la continuité du SRADDET.

Quatrième point : un souhait d'assurer une véritable cohérence dans un esprit rassembleur des volontés des acteurs locaux. Une volonté départementale par une meilleure répartition de la ressource pour l'eau potable. Une volonté de la chambre d'Agriculture, qui a émis le souhait d'amorcer un PTGE (Projet de Territoire pour la Gestion de l'Eau) ; ce projet de territoire en transition hydrique sera au bénéfice mutuel de tous les acteurs et s'appuiera sur leurs travaux et leurs connaissances. Il sera également complémentaire car global.

Je profite de ce moment pour rappeler que, à travers le projet porté par Limoges-Métropole, nous souhaitons rapprocher les acteurs et non les diviser autour d'initiatives individuelles, par une méthodologie originale, systémique et inscrite dans la durée en trois points. Premier point, le projet systémique : on considère le territoire de Limoges-Métropole comme un système fini composé d'entités naturelles (écosystèmes, biodiversité) ou d'origine humaine (entreprises, réseaux d'eau potable), qui réalisent un certain nombre de prélèvements en eau pour satisfaire leurs besoins. Ce système est soumis à des entrées (pluies et rivières) et des sorties d'eau (évaporation, rivières) qui, pour certaines, sont obligatoires. Etant en tête du bassin-versant Loire-Bretagne, Limoges-Métropole doit être garant, en partie, de la qualité et de la quantité d'eau qui arrivera dans les territoires de l'aval qui en dépendent. Le projet vise à expérimenter des solutions dans tous les domaines d'usage de l'eau, nécessaire pour que le système continue de fonctionner, même s'il est soumis à des fluctuations des quantités d'eau disponibles, tout en continuant à être contributeurs aux territoires de l'aval. Ainsi, l'on considère ce projet comme stratégique ; l'eau, facteur économique du territoire (en matière d'industrie, de santé, d'agriculture, de tourisme et cætera…) est aussi un enjeu social de premier plan, mais aussi systémique, car prenant en compte tous les éléments du système, et enfin démonstrateur car basé sur des expérimentations.

Avec ce projet innovant à l'échelle nationale, Limoges-Métropole vise à regrouper des acteurs de l'eau autour de la thématique de la transition hydrique, afin d'initier une dynamique structurante pour les entreprises de la « filière eau ».

Plusieurs étapes du projet sont prévues : diagnostic, programme d'action et mise en œuvre.

Première étape : mieux connaître l'état des ressources disponibles, des usages actuels, des infrastructures de gestion de l'eau et les acteurs du système, pour analyser les points liés aux risques, de rupture qualitative ou quantitative et/ou d'amélioration ; ce diagnostic s'appuiera sur un recensement des données chiffrées existantes sur l'eau à l'échelle de Limoges-Métropole et de l'avis d'experts des acteurs de l'écosystème.

Deuxième étape : élaborer un programme d'action multi acteurs et secteurs hiérarchisé et géré dans le temps ; les éléments du diagnostic serviront de base à un programme d'action comprenant des objectifs chiffrés (quantité, qualité, comme par exemple : réduction de la consommation), en faveur de la transition hydrique du territoire. Il s'agit de projets d'expérimentations portés par différents acteurs, privés et publics. Les expérimentations seront planifiées à court, moyen et long terme, selon les priorités relevées dans le diagnostic, ainsi que leur facilité de réalisation, que ce soit au niveau du temps ou des coûts ; par exemple, à l'abattoir, la réduction de 50% de la consommation d'eau potable peut se faire par réutilisation des eaux de lavage ; second exemple : inciter les particuliers à économiser l'eau, notamment d 'arrosage, en proposant des aides à l'acquisition des réserves ; dernier exemple, prévoir la récupération des eaux de pluie de tous les bâtiments le permettant dans des réserves pour arroser les espaces verts publics. Autre programme d'action : des études complémentaires s'il manque des données d'analyse sur le territoire ; chez les entreprises les plus consommatrices d'eau, diagnostiquer le système de consommation puis étudier toutes les économies possibles avant d'accompagner la mise en place de solutions. Autre programme d'action : des critères d'évaluation pour avoir un observateur de données permanent et mesurer sur le long terme l'impact des solutions mises en œuvre.

Dernière étape : mettre en œuvre le projet. Sur le fond, il s'agira de réaliser des expérimentations selon un calendrier à court et moyen terme, et les évaluer. Il faut aussi réaliser des études complémentaires, dont les conclusions serviront de base pour la mise en place d'autres expérimentations. Sur la forme, Limoges-Métropole pilotera le projet avec la mise en place d'une gouvernance spécifique et partenariale, par la coordination des acteurs avec un accompagnement des structures partenaires d'un projet d'expérimentation par la réalisation de suivi global du projet et l'évaluation des expérimentations réalisées, et enfin par la réalisation d'un plan de communication dédié (par exemple, par l'organisation ou la participation à des évènements sur la thématique de l'eau et de la transition).

Après la présentation du projet systémique et des différentes étapes du projet, où en est-on aujourd'hui ? Une mobilisation élargie des acteurs est souhaitée : la sélection de prestataires pour accompagner Limoges-Métropole est en cours ; leur travail consistera notamment à obtenir l'adhésion des acteurs publics et privés du territoire et aux échelles régionales et nationales. Un comité de pilotage avec l'OIEAU et le pôle environnement a déjà eu lieu le 19 novembre, avec de nombreux échanges d'une grande pertinence qui présagent d'un partenariat effectif et dans la durée. Un comité de concertation associant l'ensemble des acteurs ou leurs représentants se réunira au mois de décembre en présence des prestataires retenus pour lancer le diagnostic et les échanges pour le futur programme d'action.

En conclusion, avec le souhait de mobiliser les chercheurs, dans le cadre de ce projet, nous proposons aujourd'hui aux universités accompagnant le colloque Europa de participer à la réalisation d'une étude comparée sur les politiques publiques dans le domaine de l'eau afin de permettre à Limoges-Métropole de profiter du retour d'expérience d'autres acteurs. Cette étude pourrait mentionner les politiques menées ayant eu un réel effet-levier sur l'économie d'eau pour l'un de ces trois usages : la consommation humaine, l'industrie et l'agriculture. Le *Benchmark* d'expériences positives ayant eu un réel impact sur l'économie d'eau sur un territoire de nature organisationnelle, opérationnelle et/ou financière sera comparé au fonctionnement des politiques publiques de l'eau françaises, pour analyser les possibilités ou les freins à leur mise en œuvre. Cette étude permettrait d'avoir des contacts pour d'éventuels échanges (tutorat, visites…) pour accompagner Limoges-Métropole dans le positionnement de sa propre politique de l'eau.

Nous devons prendre la mesure du rôle que nous avons à jouer dans ce domaine, et Limoges-Métropole souhaite structurer cette filière autour de l'eau pour laquelle toutes les conditions sont réunies car nous possédons la ressource, les entreprises innovantes, *startups*, partenaires, chercheurs, et universités sur notre territoire.

Si seul on va plus vite : ensemble, on va plus loin.

Michel Senimon

Le projet que vous venez de nous décrire (Limoges-Métropole : un territoire en transition hydrique) est ambitieux mais l'on est en parfaite cohérence au niveau régional avec les objectifs que Madame Zalas a rappelés sur la feuille de route NéoTerra. Il va falloir articuler cela avec l'ambition départementale.

La disponibilité de l'eau en Haute-Vienne

Brigitte LARDY
Vice-Présidente du Conseil Départemental de la Haute-Vienne, en charge du développement touristique et de la transition écologique

Je vais vous présenter de manière synthétique les enjeux et les objectifs de l'étude prospective de la ressource, portée par notre département.

Avec les épisodes successifs de sècheresse de ces dernières années et le changement climatique en cours, pouvoir accéder à l'eau potable tout au long de l'année devient plus que jamais un enjeu majeur. Pour anticiper et éviter une situation de trop fortes tensions sur les ressources en eau potable, le département souhaite apporter une politique forte en matière de gestion de l'eau ; pour l'aider dans cette voie et définir les actions prioritaires, nous avons pris des dispositions au mois de février, que nous allons mettre en œuvre dès à présent, et suite aux Assises de l'Environnement qui sont en train de se dérouler.
L'objectif de cette étude est d'avoir une vision plus large, et de porter un regard global sur l'avenir de notre ressource afin de dégager de possibles améliorations (c'est toujours plus facile de partir d'un constat, lorsque l'on veut améliorer quelque chose). Nous nous sommes posé quelques questions, qui peuvent paraître basiques mais qui sont pourtant très importantes : où trouver la ressource en eau sur le territoire, dans quel état est-elle, quel est le déficit exact de l'eau pendant l'été et quels sont les scénarios possibles pour qu'il y ait une réelle évolution ?
Cette étude sera donc un outil extrêmement précieux lors de la révision du schéma départemental de la ressource et de l'alimentation en eau potable. Une convention est établie, en partenariat avec le département et l'agence Loire-Bretagne ; elle porte sur une durée de trois ans (2019-2021) et sur la base d'objectifs permettant de répondre aux enjeux de bon état des

masses d'eau et de la prise en compte des usages locaux. Dans ce cadre, le département a engagé une étude de gestion qualitative et quantitative des ressources en eau de manière à bénéficier d'un outil d'aide à la décision.
Les directives d'octobre 2000 fixent des objectifs à atteindre pour 2027 ; pour y parvenir, un schéma directeur va être fixé pour avoir des objectifs intermédiaires.

Dans notre département, l'état des lieux préalables au SDAGE a déjà identifié quelques points qu'il me paraît important de vous présenter : les obstacles à la continuité, les altérations hydrologiques liées à l'interception des flux et des plans d'eau, l'altération morphologique ; la présence des macro polluants, la pollution diffuse d'origine agricole (nitrates et pesticides dont la pollution diffuse est quantifiée à 5% des masses d'eau dégradées). Sur les 75 masses et cours d'eau, 18 (soit 24%) ont été évalués en bon état écologique en 2016 ; l'objectif fixé (la barre est haute !) est d'atteindre 91% de cours d'eau en bon état, il faut avoir de l'ambition mais je pense que l'on peut y arriver. 36 communes de la Haute-Vienne sont concernées, en totalité ou partiellement, toutes les communes ne sont pas considérées dans leur entièreté.
Reparlons un peu de l'outil que l'on va essayer de mettre en place : cet outil de connaissance et de stratégie permettra de définir les actions prioritaires sur nos ressources en eau potable pour l'ensemble de la Haute-Vienne ; il permettra également de dresser un état des lieux, un état des ressources en eau souterraines et superficielles. Il aura aussi pour objectif de réaliser une expertise globale et critique de l'évolution prévisible des usages de la ressource en eau, notamment au regard des perspectives de changement climatique ; il est vrai que l'on parle beaucoup du changement climatique, et cette étude va devoir prendre tout cela en compte, parce que c'est à cause de ce changement que nous en sommes là aujourd'hui. Bien évidemment, le programme d'action suivra, le but étant de sécuriser la production et la distribution d'eau, et je pense notamment que l'on peut venir en appui aux EPCI ou aux communes.

L'ensemble de ces éléments permettra, à terme, de réaliser un Schéma Départemental d'Alimentation en Eau Potable ; cette étude fera l'objet d'une large concertation avec l'ensemble des acteurs de l'eau.
La finalité de l'étude est de faire évoluer le cadre du Schéma Départemental de la Ressource en Eau et d'adapter les dispositifs d'aides départementales dans le domaine de l'eau.
Les trois phases de l'étude sont identifiées. La première phase sera l'étude diagnostic et prospectives de la ressource, des usages et des besoins ; la phase numéro 2 définira l'évolution des scénarios ainsi que l'identification des orientations prioritaires ; la troisième phase sera consacrée à l'élaboration d'un programme d'action de 2022 à 2032. Le planning va commencer mi-décembre et se terminer en janvier pour la période de consultation ; en février, nous procèderons à l'analyse des offres, et en avril à la notification des marchés et au démarrage de l'étude.

Michel Senimon
L'élaboration de ce Schéma Départemental d'Alimentation en Eau Potable est très importante, avec la feuille de route NéoTerra, le projet structurant de Limoges-Métropole, et la déclinaison sur le territoire de la Haute-Vienne de ce Schéma avec une expertise des usages prévisibles de la ressource en eau potable !

Philippe Janicot
Il y avait une question sur le maraîchage. Sur Limoges-Métropole, le maraîchage est effectivement un sujet qui a été abordé : c'est une commune qui est une zone maraichère, avec un plan d'eau qui permet d'alimenter cette zone ; le premier Vice-Président est en charge du développement de la zone maraîchère, donc Limoges-Métropole est très engagée sur la mise en place de cette ceinture : cette communauté urbaine est assez rurale, donc nous tenons beaucoup à cette chance que l'on a de pouvoir gérer en local de ce genre d'actions, donc nous sommes très sensibles à la zone maraîchère.

Michel Senimon
« Y a-t-il une étude diagnostic spécifique complémentaire sur les problématiques de radioactivité liées aux exploitations passées de l'uranium ? »

Brigitte Lardy
L'étude parle de manière relativement succincte de ce que l'on peut présenter comme problématique mais qui ne l'est pas forcément, puisque c'est notre culture : la radioactivité est naturellement dans les sols, donc on doit la prendre en compte ; mais je ne peux pas prévoir ce que va donner notre étude !

Michel Senimon
Nous allons commencer cette deuxième séance thématique du colloque, avec une approche un peu différente, en réfléchissant aux réponses aux menaces sur l'eau avec l'articulation des différents cadres juridiques européens, nationaux et locaux ; la protection de l'eau doit être souvent conciliée avec d'autres impératifs, notamment économiques, et, si la règlementation doit encourager à des pratiques vertueuses et protectrices des ressources hydriques, elle ne doit pas non plus être un frein aux activités économiques agricoles, ou un facteur de tensions ou de division entre les territoires.

Chapitre 3

Les politiques publiques de l'eau : un miroir des enjeux politiques, environnementaux, économiques et sociaux ?

Des modes d'administration de l'eau au service de territoires fonctionnels

Jean-Claude Eude
Directeur de l'établissement public Loire (EPTB)

C'est toujours un plaisir de répondre à une invitation à témoigner de la contribution de l'Etablissement public Loire à la gestion intégrée de l'eau et des risques naturels associés de sècheresse et d'inondation. Le plaisir est encore plus grand lorsque nous intervenons aux côtés de partenaires techniques tels que l'Office International de l'Eau, en lien avec l'Association Nationale des Elus de Bassins, et au cœur des territoires pionniers sur la question de l'eau, à savoir la région Nouvelle-Aquitaine, le département de la Haute-Vienne et Limoges-Métropole – en l'occurrence trois membres de notre Etablissement.
Le plaisir est authentique lorsque le sujet des débats porte sur l'oscillation entre « fragmentation et intégration des politiques publiques de l'eau en Europe », au croisement de deux tranches de vie professionnelle de l'ancien administrateur à la Commission européenne et de l'actuel directeur général des services de l'Etablissement public Loire.
Ceci étant dit, venons-en à l'objet de mon intervention. Il s'agit simplement du point de vue d'un des acteurs de bassin fluvial, d'une voie d'action parmi d'autres, que je soumets à votre appréciation, celle de « la fonctionnalité du territoire à l'administration ». Autrement dit, plus prosaïquement : des modes d'administration adaptés au service de territoires fonctionnels.

Le prérequis en est la reconnaissance de ce territoire fonctionnel que constitue le bassin fluvial, dans sa spécificité. A savoir, pour faire simple, d'être à l'échelle hydrographique d'enjeux qui dépassent les limites administratives. Enjeux largement évoqués dans les précédentes interventions et à propos desquels je

relèverai uniquement qu'ils sont souvent interdépartementaux et interrégionaux, quand ce n'est pas nationaux et internationaux. Il est donc essentiel que la prise en considération de cette réalité « du système fluvial » se traduise dans les outils de programmation – macrorégionale, plurirégionale... En tous les cas, à l'échelle du territoire fonctionnel, et intégrant la sélection d'actions prioritaires ou ayant une plus-value à cette échelle, ne serait-ce qu'en termes de mise en œuvre ou encore de résultats.
A cet égard, permettez-moi de lever une suspicion. S'agissant de ce qu'un auteur appelait *les territoires de la décentralisation*, il semble essentiel de considérer, en toute logique, que les territoires traditionnels des collectivités ne devraient en aucune façon se vivre comme concurrencés par des territoires fonctionnels, en l'espèce celui du bassin hydrographique, dès lors que des structures telles que les Etablissements publics territoriaux, dont ils sont à la fois à l'origine et aux commandes, sont bien l'expression d'une coopération efficace entre les collectivités territoriales concernées ainsi qu'avec les autres acteurs du bassin.
Dans cet ordre de considérations, l'Etablissement public Loire, guidé par l'intérêt à agir « de bassin », ne manque lui-même jamais d'en référer à des valeurs *supra*. C'est ainsi qu'il valorise systématiquement le caractère structurant pour l'action des références que constituent, par exemple, la directive cadre sur l'eau ou la directive inondations. Egalement, l'effet levier décisif du soutien financier de l'Europe, nonobstant les dérives de suradministration et de surinterprétation qui peuvent affecter l'accès à ce dernier, voire son efficacité.

Vues sous l'angle stratégique, les interventions de l'Etablissement se caractérisent par une approche résolument à l'échelle de l'ensemble du bassin de la Loire et ses affluents. Elles se déploient dans le cadre de partenariats multiniveaux, de préférence par voie conventionnelle, sur un mode incitatif plutôt que contraignant, avec un recours fréquent à l'innovation et à l'expérimentation.
Tel est le cas, par exemple, de l'initiative impulsée dès 2007 par l'Etablissement, pour avancer dans la voie de l'adaptation aux impacts du changement climatique sur les territoires de l'eau,

relayée depuis 2015 par l'Agence de l'Eau, à travers le plan d'adaptation Loire-Bretagne. Avec le soutien du ministère, qui avait retenu fin 2006 le bassin de la Loire comme site-pilote au niveau national, elle a notamment permis la production de travaux de recherche (dans les domaines de la modélisation, de l'analyse de vulnérabilité, de la prospective) qui font référence aujourd'hui encore.
Tel est le cas également des efforts de promotion par l'Etablissement, depuis 2013, de l'intégration des sciences comportementales dans la gestion de l'eau et des risques naturels associés. En effet, quand le pouvoir d'information atteint ses limites, que se réduit la possibilité d'inciter financièrement et que faiblit la capacité à faire respecter les normes, alors doit être posée la question d'autres modes de faire, complémentaires, dans la conception et la mise en œuvre des politiques publiques. Une bonne compréhension des biais comportementaux et leur prise en considération dans les dispositifs d'intervention pourraient se révéler particulièrement fructueuses.
C'est toujours dans cet état d'esprit constructif – au sens propre du terme – que l'Etablissement a esquissé en 2017 les contours de son *AGENDA 2050*. Le projet correspondant est celui d'un bassin rassemblé autour d'un bien « en commun » et non pas « en partage ». Plus précisément, il s'agit d'une communauté de bassin fluvial à co-construire, avec la résilience pour horizon et le milieu du siècle pour échéance. Il s'appuie sur la conviction que les territoires de la Loire et ses affluents, dans leur diversité, peuvent devenir le cœur de la nécessaire transition vers le bien-être, la résilience et la soutenabilité. Cette dynamique est alimentée par deux éléments moteurs : l'innovation et l'implication, et deux éléments régulateurs : la solidarité de bassin et la qualité de vie avec le fleuve.

Vous l'aurez compris, l'ensemble de nos interventions s'articule autour de l'identification de questions critiques, l'apport de réponses stratégiques et la réalisation d'opérations structurantes, souvent *via* les maîtrises d'ouvrage « de bassin » que nous assurons.
Ceci vaut pour l'approvisionnement en eau de l'Allier et de la Loire, à l'aval des barrages de Naussac en Lozère, ou de Villerest

dans la Loire. Deux ouvrages dont nous assurons la gestion, au-delà d'en être propriétaires. Le service rendu est incontestable, qu'il s'agisse de la capacité à faire face à l'étiage le plus sévère enregistré depuis la mise en service des ouvrages, ou celui le plus long. Une preuve tangible, s'il en était besoin, à la fois de la nécessité et de l'intérêt de la solidarité de bassin fluvial, amont-aval.

Ceci vaut pour la gestion d'infrastructures de protection contre les inondations, à travers le projet d'aménagement d'intérêt commun (PAIC), cet outil que la loi met à disposition des EPTB. Ce projet résulte du constat de l'inadéquation du périmètre administratif des EPCI avec le phénomène physique d'une crue de Loire. Il en est découlé l'hypothèse de gestion à l'échelle du bassin fluvial. Elle vise à assurer, sur ce périmètre cohérent, une homogénéité de traitement, ainsi que la mutualisation et l'optimisation des moyens techniques comme financiers. En s'appuyant sur six plateformes de proximité, et en intégrant infrastructures « dures » (telles que le barrage de Villerest et un linéaire de digue de l'ordre de 900 kilomètres) et infrastructures « souples » (telles que les 5.700 kilomètres-carrés de zones d'expansion de crues potentielles).

Ceci vaut pour l'appui technique à une vingtaine de territoires à enjeux forts, dans le cadre de l'élaboration et la mise en œuvre de leurs stratégies locales de gestion du risque d'inondation. En complément du développement et de la mise à disposition de la « boîte à outils » (PCA, PCS, autodiagnostics des activités économiques, du patrimoine culturel), l'Etablissement assure plus particulièrement le portage de l'animation, ainsi que de plusieurs actions de trois PAPI, deux d'entre eux présentant la caractéristique d'être interrégionaux.

Ceci vaut également, et je m'en arrêterai là pour les illustrations, pour la gestion territorialisée de l'eau et des milieux aquatiques. Avec le portage par l'Etablissement, en forte synergie d'actions, de dix procédures de SAGE couvrant un tiers du bassin fluvial, ainsi que de plusieurs contrats territoriaux en déclinaison opérationnelle. Ce à quoi s'ajoute l'implication complémentaire dans l'émergence de PTGE, les Projets de Territoires pour la Gestion de l'Eau. Au carrefour des besoins en termes d'usage de la ressource, et à l'intersection de la planification et de la programmation des résultats, de leur conciliation ou priorisation.

Si l'on peut se réjouir des réalisations concrètes auxquelles a ouvert la voie cette panoplie d'interventions, il n'en demeure pas moins que des résultats plus importants pourraient être obtenus en faisant évoluer le mode de faire administratif. A cet égard, vous me permettrez de faire référence à la confiance entre les acteurs ; c'est *la* clef du succès de tout dispositif partenarial à l'échelle d'un bassin fluvial. D'où l'importance, alors que les sentiments de défiance atteignent des niveaux records, d'en faire un objectif réel, avec des actions concrètes et des moyens correspondants. De notre point de vue, cela pourrait emprunter quatre voies.

- Réaffirmer la confiance en la pertinence d'un intérêt à agir « de bassin », porté en tant que tel par des acteurs configurés pour ce faire, comme les Etablissements publics territoriaux de bassins. Au côté bien entendu d'autres acteurs comme l'Etat ou l'Agence de l'Eau, disposant d'une organisation et de moyens d'intervention à cette échelle.
- Restaurer la confiance par la justification des choix opérés et la qualité des projets soutenus, avec la mobilisation accrue de l'expertise scientifique au service de la décision publique. Qu'elle emprunte la forme d'un Conseil scientifique reconnu, d'une communauté de chercheurs stimulée ou encore d'un dialogue structuré entre chercheurs et gestionnaires, ne nous en privons pas.
- Renforcer la confiance entre l'ensemble des parties prenantes, par l'institutionnalisation de la possibilité de recours à un médiateur du bassin fluvial, facteur d'amélioration relationnelle et de performance collective. Ceci, en mode projet comme dans la gestion des différends. Devenant autant de nouvelles occasions de favoriser davantage de participation et d'implication, porteuses d'engagements durables et avec toujours le partage de responsabilités correspondantes.

- Retrouver la piste des « communs fluviaux » pour, si ce n'est repenser, en tous cas améliorer la gestion intégrée du bassin fluvial. Ceci pour contrer les tendances à la désarticulation et à la fragmentation, en leur opposant précisément la mise en relation, en s'intéressant non seulement aux acteurs institutionnels (les pouvoirs institués, donc) mais encore aux acteurs économiques et civiques (les relations pouvoirs-vouloirs) et aux acteurs scientifiques, au sens large du terme (les relations pouvoirs-savoirs). Il s'agit donc bien à la fois de réinstituer les pouvoirs, de rééquilibrer les vouloirs, en les croisant toujours avec les savoirs.

Et en évitant de se tromper de débat ! A cet égard, il me semble que, en l'état, l'effectivité de la protection fonctionnelle du fleuve, que permet déjà nombre d'instruments actuellement sous-employés, a rang de priorité absolue par rapport aux interrogations sur l'intérêt d'une éventuelle personnalité juridique du fleuve.

Franz Clément
Luxembourg Institute for Socio Economic Research (LISER)
Merci. Je pointe surtout ce que vous avez dit de « changement climatique et de qualité de vie », nous verrons par la suite que tout ceci a une grande importance dans nos débats.

Michel Senimon
Une question pour monsieur Eude : « Un vocable émerge : la surrèglementation. Comment le définir ? S'agit-il d'un concept purement régalien ou d'application ? ».

Jean-Claude Eude
Précisément, je n'ai pas utilisé le terme « surrèglementation », mais ceux de « suradministration » et « surinterprétation ». Pour dénoncer ces dérives. L'idée étant de faire en sorte, là où une réponse existe et suffit, d'éviter que des questions inutiles viennent s'additionner. C'est en ces termes que je positionnais les difficultés auxquelles l'on peut se retrouver confronté aujourd'hui, en ce qui concerne l'intermédiation de l'accès au soutien financier de l'Europe.

Quelle politique publique européenne de l'eau ?

Pierre BAUBY
Enseignant-chercheur à l'université Paris 8, enseignant à Sciences Po,
Fondateur de Reconstruire l'Action Publique (l'association RAP)

Je travaille sur les enjeux de la construction européenne et les services publics en France et en Europe depuis vingt-cinq ans, aussi longtemps qu'existe Europa, donc des voies parallèles mais qui se rejoignent chaque année à l'occasion du colloque.
Ce que l'on a étudié depuis ce matin montre qu'il y a, en matière d'eau et d'assainissement, une conjonction de signaux faibles et de signaux forts qui forment système et, malheureusement nous allons dans le mur ; c'est cette prise de conscience-là que l'on a opérée ce matin, ce qui veut dire qu'il y vraiment plus besoin que jamais de politiques publiques locales, régionales, nationales et européennes et, de ce point de vue-là, il doit y avoir complémentarité, ce que l'on a déjà évoqué à plusieurs reprises avec les deux directives-cadres sur l'eau.

C'est sous l'angle de la politique publique européenne que je voudrais intervenir rapidement pour donner quelques coups de projecteurs.

Le premier consiste à bien comprendre la spécificité de la politique européenne en matière d'eau et d'assainissement ; dans beaucoup d'activités de service public (on en a parlé ces dernières années : l'énergie, les transports, la poste…), le processus d'européanisation a été engagé sur la base de la construction de marchés intérieurs, du marché unique et donc de l'élimination des obstacles à la libre circulation au plan européen.

La base des règlementations européennes en matière d'eau et d'assainissement n'est pas celle-là, ce n'est pas un problème de marché intérieur, de concurrence : la base juridique est la protection de l'environnement et de la santé publique. Et d'ailleurs, la preuve en est, c'est que le début des démarches européennes en matière d'eau et d'assainissement date de 1973, bien avant l'acte unique qui a enclenché le processus de libéralisation des services publics ; cette première spécificité est essentielle : la base juridique est la santé publique, l'environnement et non pas le marché intérieur, et les normes européennes ont été construites à partir de là. Elles reconnaissent le caractère de ce que les économistes appellent le « monopole naturel des infrastructures de réseau (de distribution et d'approvisionnement en eau), de traitement (des eaux, pour avoir la qualité) et d'assainissement ensuite » ; il n'y a donc pas de mise en cause, dans les règles européennes, de ce caractère de monopole des infrastructures.

Deuxième élément : l'Union Européenne reconnaît le libre choix, par les autorités publiques (qui peuvent être des autorités nationales, mais souvent régionales et locales), du mode de gestion (gestion directe, gestion déléguée) : cet éclairage a déjà été abordé depuis ce matin. L'eau et l'assainissement se transportent rarement à longue distance : ils sont ancrés dans les territoires, localement en fonction des réalités de chaque territoire, avec d'énormes disparités de situation entre le nord et le sud de l'Europe. Il y a donc territorialisation locale, même si l'on a vu monter en puissance les bassins versants et le Grand Cycle de l'eau, qui n'est pas que local : nous sommes dans un système de gouvernance multi-niveaux.
Le droit européen, je vais l'évoquer très rapidement : je rappelle, pour mémoire, la succession de démarches européennes. Premières directives, de 1973 à 1988, concernant la qualité de l'eau utilisée pour les activités humaines ; puis, deuxième génération de directives à la fin des années 1980 et au début des années 1990, sur le traitement des eaux usées, qui établit un agenda pour la construction de centres de traitement des eaux usées. Et puis, la troisième génération se caractérise par la « directive-cadre » sur l'eau de 2000 ; c'est cette année le 20ème

anniversaire de cette directive qui donne les principes généraux de qualité et de sécurité, et qui ne se mêle pas de ce que vont faire chaque Etat membre et chacune des collectivités territoriales pour mettre en œuvre les principes généraux : on a parlé ce matin de transposition de la « directive-cadre » ; dans le droit national, il est question de marges d'adaptation et de souplesse. C'est, en la matière, un exemple typique du principe de subsidiarité : on décide au plan européen les grands principes de sécurité et de qualité, et les Etats membres doivent décliner, mettre en œuvre, rendre compte bien sûr : c'est un échange permanent entre les niveaux. La responsabilité européenne est de clarifier, de préciser au fur et à mesure ces différents principes, de tenir compte des évolutions (évolution des besoins, évolution des technologies...) et on assiste, depuis 2020, à la fois à la mise en œuvre de la « directive-cadre » mais aussi à toute une série d'initiatives par exemple pour la réutilisation des eaux usées (mais on pourrait prendre d'autres exemples).
Je vais simplement signaler la masse de documents de réflexion, d'initiatives qui ont existé au plan européen, toujours sur la base de la protection de la santé publique et de l'environnement. La mise en œuvre de ces principes, se fait évidemment sur la base de la subsidiarité, c'est-à-dire la très large marge de manœuvre des autorités nationales, régionales et locales quant à l'organisation et à la régulation de leur système hydrique. Traditionnellement, dans la quasi-totalité des Etats-membres, la gestion de l'eau était assurée par les autorités publiques elles-mêmes ou en la déléguant à des acteurs publics ; la France avait, de ce point de vue-là, une situation particulière dans l'histoire des pays européens en ayant, depuis longtemps, anticipé et mis en œuvre la gestion déléguée, en coexistence avec la gestion publique ; et on a vu naître et se développer à partir de là l'oligopole des deux grandes compagnies françaises, qui sont aujourd'hui des multinationales (*Veolia* et *Suez*), dont on sait qu'il existe actuellement des tentatives de « mainmise » de l'une sur l'autre, mais qui sont en tous cas devenues aujourd'hui des *leaders* mondiaux en matière d'eau, d'assainissement et de gestion des collectivités locales.
L'autre exemple est celui de Margaret Thatcher qui, pour l'Angleterre et le Pays de Galles seulement, mais pas pour

l'Ecosse, a décidé de privatiser complètement la gestion de l'eau, y compris de privatiser les infrastructures, alors que, dans la gestion déléguée, les infrastructures restent propriété publique ; c'est ici le cas typique d'une privatisation complète mise en œuvre dans les années 1980 par Margaret Thatcher, en Angleterre et au Pays de Galles. Depuis lors, la montée en puissance des obligations en matière de qualité et de sécurité (la masse de directives dont j'ai parlé précédemment) a amené une technicisation croissante de la gestion de l'eau, et on a assisté dans bien des cas (l'exemple de la France est révélateur avec ses 36.00 communes, dont il en reste 35.000 aujourd'hui avec les regroupements) au fait que chacune des autorités publiques locales a eu de moins en moins de compétence technique, scientifique de management et de gestion, et cela a laissé place à un développement de la gestion déléguée, en France puis dans d'autres pays européens (l'Espagne est bien connue en la matière) ; aujourd'hui, il a donc coexistence des deux modes de gestion, avec toujours en Europe une dominante de la gestion publique. Chaque Etat-membre assure sa propre politique de l'eau et d'assainissement en fonction des règles européennes d'un côté et de sa situation, des enjeux et des débats qu'il peut y avoir au plan national, d'un autre côté. Finalement, le principe de subsidiarité, c'est la clef de la politique publique européenne, qui n'a pas à imposer tout aux Etats-membres, mais qui vient essayer de dégager des principes et des axes communs ; l'on regrette aujourd'hui qu'il n'existe que par toutes petites bribes en matière de Santé Publique, avec l'exemple bien connu de la COVID, où l'on voit bien que l'on commence à essayer de construire.

La résultante de tout cela aujourd'hui, c'est que l'on a un « marché européen » fragmenté. J'emploie *marché* avec des guillemets : est-ce que l'eau est un marché ? La question mérite d'être posée ; en tous cas, elle n'est pas qu'un marché : on a vu depuis ce matin la nécessité d'obligations de service public, de règles de sécurité et de qualité, qui font que ce n'est pas que le marché qui peut résoudre ces enjeux-là. Il doit y avoir conjonction du marché et de politiques publiques, de responsabilité publique en la matière. Donc, les choses doivent être claires : s'il y a un marché, il est en tous cas très fragmenté ;

quand on regarde la situation, il continue d'exister un grand oligopole (je parlais tout à l'heure des deux monopoles français, mais il y a aussi de quelques grandes entreprises en Europe), mais, à côté, c'est la fragmentation des entreprises publiques : il y a des dizaines de milliers d'entreprises publiques, mais il n'y a pas, comme on l'a vu dans le domaine de l'énergie ou dans le domaine postal, de grandes entreprises publiques à l'échelle transnationale et à l'échelle européenne ; il y a un déséquilibre qui marque cette situation de marché fragmenté, avec, en revanche, de grands opérateurs intégrés : cette coexistence, cette dualité de situation montre aussi, je crois, l'importance des débats qui peuvent exister dans chaque pays, sur les enjeux et la manière de les résoudre.

L'autre point qu'il faut évoquer quand on parle d'Europe, c'est l'initiative citoyenne : le « right 2 water », qui s'est développé il y a trois ans, a réussi, pour la première fois en application du traité de Lisbonne, à réunir plus du million de signatures, pour demander à l'Union Européenne et à ses institutions d'agir pour garantir à chaque habitant l'accès et le droit à l'eau, de manière universelle. La Commission européenne n'a pas jugé bon de reprendre l'initiative telle quelle, mais on voit bien que, dans les débats européens, ce n'est pas qu'une question de marché : il doit y avoir politique publique ; à la question « quelle politique publique ? », on peut répondre que tout va dépendre de la mobilisation des acteurs multiniveaux : l'eau est l'essence même du multi-acteur, parce que cela va du consommateur individuel citoyen jusqu'aux grandes entreprises, les usages agricoles, les usages des énergéticiens… Il faut casser les frontières et les silos où chacun réfléchit dans son coin et mettre en œuvre des débats publics pour avoir des politiques publiques locales, régionales, nationales et européennes qui répondent aux besoins du 21ème siècle.

Michel Senimon

Merci, le propos était très éclairant sur cette articulation mais, surtout, il a très bien retracé la spécificité du droit communautaire en la matière qui ne s'inscrit pas dans la logique de la libre concurrence et de la construction et de l'intégration du marché

intérieur, mais bien dans les démarches de type environnemental. L'eau, aujourd'hui, est peut-être la ressource qui va mobiliser le citoyen, et cette initiative des citoyens dans le cadre du traité de Lisbonne est effectivement éclairante.
Une question : « l'ingénierie publique est-elle aujourd'hui suffisante en moyens humains et financiers pour suivre ces divers projets, nationaux et européens ? »

Pierre Bauby
En tous cas, pour parler de la situation que je connais le moins mal, c'est-à-dire la France, il est vrai que la montée en puissance, ces dernières années, de la gestion déléguée, a fait qu'un certain nombre d'autorités publiques se sont désintéressées de la question et ont perdu les compétences qu'elles pouvaient avoir en matière d'ingénierie publique dans le domaine de l'eau et de l'assainissement, et dont j'ai rappelé les exigences scientifiques, techniques et financières énormes. Il y a donc eu un désengagement des autorités publiques en la matière : il est nécessaire de reconstituer des compétences scientifiques, techniques et opérationnelles, pas forcément de chacune des autorités organisatrices en France, mais qui soient disponibles pour répondre aux besoins des autorités publiques quand elles en ont la nécessité.

Michel Senimon
Une question en appelle une autre, « pensez-vous que l'absence de cette ingénierie publique, capable d'avoir une vision systémique d'un territoire, manque aujourd'hui ? »

Pierre Bauby
C'est compliqué de répondre, mais, dans la plupart des pays européens, il existe des Agences de régulation, qui sont à l'interface du marché, des acteurs et des collectivités, et qui essayent de développer les choses ; il n'y a pas de réelle Agence de régulation en France : les grands opérateurs n'en ont pas voulu, on se débrouille avec chacune des autorités organisatrices, qui ne voulaient pas être dessaisies par les Autorités de régulation de leur côté. Donc il y a eu une conjonction, en France, d'absence d'Agences de régulation : c'est profondément dommage.

Michel Senimon
« Le désengagement de l'ingénierie publique est-il aussi lié à la tarification de l'eau ? »

Pierre Bauby
La tarification est du ressort de chaque autorité organisatrice : il n'y a pas de règle, aujourd'hui, qui s'impose en France en matière de tarification : chacune fait un peu ce qu'elle veut. Il existe des expérimentations pour mettre en œuvre des tarifications différenciées selon les volumes (je parle pour les particuliers, mais c'est vrai pour tous les usages), mais c'est délicat : on imagine bien que les premiers mètres-cubes soient gratuits, ou à très faibles coûts pour répondre aux besoins vitaux essentiels, mais quand on en arrive à remplir sa piscine individuelle, il est bien évident que la tarification devrait être différenciée. Pour le moment, il y a encore beaucoup à faire : on en est encore qu'à de l'expérimentation.

Eric Tardieu
J'aimerais ajouter quelques remarques, pour préciser ce que l'on imagine derrière ce désengagement de l'ingénierie publique : il faut distinguer l'ingénierie publique d'Etat (qui, très clairement, en France en tous cas, a décru dans ses effectifs, dans la composition des services déconcentrés de l'Etat) d'une montée en puissance, en parallèle, de l'ingénierie publique des collectivités, et nous sommes ici, l'OIEAU, bien placés pour témoigner du fait que des équipes se constituent, viennent se former chez nous, et donc montent en compétences. Je pense donc qu'il faut être un peu plus nuancé.
Deuxième remarque, je crois que l'un des enjeux de la loi Notre en France, qui a pour objet de regrouper de manière drastique les services d'eau et d'assainissement, en divisant par dix, globalement, le nombre de services, a justement pour objet en particulier de répondre à cet enjeu de masse critique en matière d'ingénierie publique au service de ces services d'eau et d'assainissement.
Troisième remarque, il existe des enjeux nouveaux pour cette ingénierie publique, compliqués à intégrer : aujourd'hui, réfléchir à un service d'eau et d'assainissement sans être en dialogue avec

les urbanistes de sa collectivité, c'est compliqué ; donc il y a des enjeux de formation et de compétences transversales extrêmement importants. Deuxième enjeu parmi d'autres : tout ce qui est solutions fondées sur la Nature, c'est-à-dire les combinaisons nouvelles entre le Génie infrastructurel, le Génie civil un peu traditionnel et le Génie écologique, c'est un enjeu de compétences à renouveler, à enrichir, qui se pose du côté de l'ingénierie publique mais également du côté de l'ingénierie privée.

Michel Senimon
Merci pour ce complément, on ne peut effectivement pas décrire qu'un mouvement descendant, il y a ce mouvement « poids et contrepoids » : si effectivement l'Etat se désengage (mais peut-être est-ce aussi rattaché au désengagement global de l'Etat dans l'action publique, et l'on constate bien une rationalisation de l'intervention de l'Etat, avec toutes les mesures de transformation de l'Etat français en termes de déconcentration), de l'autre côté on assiste à l'augmentation des mouvements de décentralisation, dans un mouvement de « check and balances » assez équilibré.
Dernière question : « Est-ce un rôle ''régulateur'' que devraient prendre les Agences de l'Eau en tant qu'agence de régulation ? »

Pierre Bauby
Deux choses très rapidement : Eric Tardieu a raison de souligner qu'il y a aussi, en particulier avec la loi Notre, une reconstitution de l'ingénierie publique, mais très différente selon les situations : aujourd'hui, c'est un phénomène ; mais un autre phénomène est à prendre en compte, c'est le développement de ce que l'on appelle les communs, les biens communs, c'est-à-dire une gestion ancrée réellement sur la participation de tous les usagers. Les Agences de l'Eau peuvent avoir un rôle, mais elles sont tellement éloignées, en règle générale, des enjeux locaux que cela pose d'autres problèmes en la matière ; je crois qu'il faut inventer d'autres systèmes de régulation qui réussissent à conjuguer ce qui se passe au plan local au niveau des EPCI de la loi Notre et au niveau des communs, avec la dimension nationale et européenne.

Eric Tardieu
Effectivement, l'architecture européenne et française (mais qui est valable dans beaucoup de pays) est de dire que c'est ce couple Europe-niveau national qui est l'autorité régulatrice, au sens de la norme, des régimes d'autorisation ou de déclaration, et que donc c'est en France l'Etat qui joue ce rôle-là, celui notamment de « police administrative », de « police de l'eau » (sujet extrêmement important dont on parle rarement) ; les Agences de l'Eau françaises s'inscrivent dans ce cadre règlementaire national et ont un rôle de régulation qui passe par la planification et par l'allocation des moyens financiers, en plus de cette concertation ; il y a donc une combinaison, qui peut toujours être améliorée, entre une régulation règlementaire qui est de la responsabilité nationale et européenne, et une régulation dans la planification, dans le financement, dans la concertation, qui est du niveau des agences, le tout permettant aux autorités locales d'exercer leurs responsabilités.

Transition écologique et énergie hydraulique

Fabrice Amalric
Directeur adjoint d'EDF Hydro Centre

Je souhaite vous parler de l'énergie, et en particulier de l'énergie hydraulique. Je ne vais pas ajouter beaucoup de simplicité à ce sujet, dont les enjeux sont complexes, et je vais insister sur la question de la gestion des conflits d'usage en situation de pénurie d'eau.

L'hydraulique, avec ses barrages-réservoirs, contribue à la gestion de cette ressource en eau, puisque les ouvrages hydrauliques jouent à la fois un rôle de rétention quand elle tombe en abondance, participant ainsi à la modération des crues notamment, et aussi un rôle de soutien, soutien des cours d'eau et des différents usages qui y sont liés en périodes de sècheresse qui sont de plus en plus longues.

A EDF-hydro, nous gérons une capacité totale de stockage de sept milliards de mètres-cubes d'eau ; 70% de nos concessions servent finalement directement à d'autres usages de l'eau, comme la production d'eau potable, l'irrigation, le soutien d'étiage au bénéfice des milieux, le tourisme, la navigation, la pêche, et d'autres. Nous sommes effectivement doublement concernés par la question qui est posée aujourd'hui puisque nous sommes usagers de l'eau, comme d'autres, mais nous avons aussi à certains endroits « la gestion des robinets », si vous me permettez l'expression : cela permet à d'autres d'avoir accès à la ressource.

Au fond, la question de la pénurie d'eau nous pose collectivement trois grandes catégories de questions.

Premièrement, vue de la transition énergétique, l'eau a une double valeur : celle d'énergie renouvelable (l'eau est la première énergie renouvelable électrique en France et dans le monde), et elle a aussi une grande valeur de flexibilité de stockage, qui permet le développement d'autres énergies renouvelables, dites intermittentes (vous savez qu'il y a une valeur physique incontournable sur le réseau électrique, qui fait que la puissance qui alimente le réseau électrique doit en permanence être égale à la consommation : l'électricité se stock assez mal à grande échelle), et cette flexibilité, le fait d'avoir cette énergie hydraulique pilotable, permet à tout moment de réguler l'énergie sur le réseau.

La deuxième grande catégorie, c'est la vie du cycle de l'eau : le stockage de l'eau permet finalement à d'autres usages d'exister ou d'être pérennes en situation de manque ou d'excès d'eau

La troisième catégorie de questions tient au fait que l'hydroélectricité est à la fois un outil d'atténuation par son rôle sur la transition énergétique, mais également un outil d'adaptation par sa place dans le cycle de l'eau.

Je voudrais illustrer tout cela par quelques exemples ; monsieur Eude l'a bien illustré au travers du Bassin de la Loire : je vais me décaler un petit peu vers des exemples autour de la vallée de la Dordogne et du Lot, où EDF-Hydro assure également la fourniture de la région en eau agricole et en eau potable à plusieurs centaines de milliers d'habitants, souvent sur de grandes distances entre l'utilisation et les ouvrages de stockage, tout en préservant un niveau de remplissage de nos lacs à des fins touristiques. En 2020, du fait du manque de précipitations, les apports en eau ont été bien inférieurs à la moyenne, et cela s'est cumulé avec des températures élevées qui conduisent automatiquement à une évapotranspiration plus importante ; ces deux facteurs ont limité le remplissage de nos lacs sur la Dordogne et le Lot, mais nous avons cependant pu déstocker 92 millions de mètres-cubes pour réalimenter le système hydrique en plus des apports naturels, ceci tout en maintenant des cotes touristiques aussi proches de la normale que possible. Nous avons eu des pluies fin-septembre début-octobre, tout le monde s'en est aperçu : de ce point de vue-là, l'année 2019 a été encore plus difficile, puisque la durée de la sècheresse y a été encore plus longue, et nous avions dû relâcher 133 millions de mètres-cubes sur le Lot et la Dordogne, en soutien incontournable sur la gestion du Bassin-versant Adour-Garonne.

Par ces exemples, vous voyez que les réservoirs hydrauliques ne sont pas uniquement et exclusivement des objets énergétiques : ils sont aussi des objets de gestion de la ressource en eau ; ce sont des actifs précieux, stratégiques. Cela justifie justement que les bons équilibres d'objectifs de la gestion de ces réservoirs hydrauliques soient trouvés entre une dimension d'atténuation du changement climatique, et une dimension d'adaptation à ses effets : si on ne faisait pas cela, on mettrait collectivement en péril soit cette transition énergétique, soit cette gestion durable de la ressource en eau.

Cette gestion des équilibres entre la gestion de l'eau et la production électrique a été modifiée par stratification des usages ; au fil du temps, avec des processus longs d'adaptation, des logiques se sont mises en place. Notre conviction aujourd'hui est que tout cela s'accélère ; sans parler de rupture, on voit bien que cette dynamique, ce déplacement des équilibres s'accélère et, d'une manière générale, la sévérité des sècheresses de l'été 2019 et de l'été 2020 a servi de déclencheur, de révélateur : nous avons battu plusieurs records de lâchers d'eau au bénéfice des usages et de la biodiversité pendant l'été et au début de l'automne.

Cette prise en compte collective autour de ce bien précieux et des réserves d'eau a des conséquences directes et immédiates pour l'hydro électricien : nous avons des demandes d'utilisation de nos ouvrages, par exemple pour l'eau potable en Corrèze ou pour l'irrigation en Dordogne (qui se développe et s'accélère) ; nous avons mené des réflexions avec les collectivités locales pour adapter les infrastructures touristiques, au bord des lacs, pour pouvoir continuer à faire fonctionner ces installations à des cotes d'eau plus basses.

Pour revenir sur la Garonne, nous avons travaillé cette année à délivrer d'avantage d'eau au bénéfice du soutien d'étiage de la Garonne et, de manière plus générale, l'Etat, les régions Occitanie, Nouvelle-Aquitaine nous challengent pour un quadruplement dans la durée des volumes qui sont mis à disposition du soutien d'étiage du Bassin Adour-Garonne. Ces sollicitations sont multiples et de plus en plus nombreuses ; elles sont la marque d'une reconnaissance : monsieur Tardieu parlait précédemment de l'ingénierie et des compétences, pour nous c'est une reconnaissance de nos savoir-faire, et nos salariés en sont très fiers, mais cela nous pose également un certain nombre de défis. Le premier défi, c'est un défi de compétition (c'est aussi apparu comme un conflit, il faut bien le dire) entre objectifs politiques, si on ne trouve pas les bons équilibres entre la gestion des réservoirs entre atténuation et adaptation au changement climatique. Le deuxième défi est d'ordre économique, le modèle économique qui permettrait de financer le coût des services que nous rendons dans la gestion du cycle de l'eau, et qui permet justement de le pérenniser ; dans le code de l'énergie et les cahiers des charges qui font aujourd'hui objet de contrat de concession, les concessions hydrauliques sont des ouvrages à vocation de production hydroélectrique en usage principal : le soutien d'étiage n'est pas toujours prévu dans les cahiers des charges des concessions, et repose en général sur des conventions, des négociations qui font l'objet de débats et de négociations. Il faut vraiment qu'il y ait une réflexion approfondie sur ces règles générales, qui n'existent pas aujourd'hui, de contractualisation du soutien d'étiage, et de son indemnisation : le concessionnaire hydro-électricien soutient les charges qui sont liées à l'exploitation et à la maintenance de ses ouvrages, pour la gestion du stock d'eau mais il y a par ailleurs un manque à gagner énergétique qui est lié à la désoptimisation du placement de la production hydroélectrique, qui fait tout l'intérêt de cette production hydro-électrique.

Ma conviction profonde est qu'il ne faut pas sacrifier une dimension au bénéfice de l'autre : c'est bien le défi collectif qui est devant nous de réussir à la fois cette transition énergétique et cette gestion durable de la ressource en eau, basée sur un modèle économique qui soit soutenable dans le temps. Un facteur-clef de réussite est qu'il faut sans doute passer par l'amélioration du parc hydraulique existant, par la construction de nouveaux équipements : je pense notamment aux STEP, les Stations de Transfert d'Energie par Pompage, qui permettent finalement de constituer des capacités de stockage supplémentaire sans avoir un impact trop important sur la ressource en eau ; je pense aussi à la construction de nouveaux stockages, tout simplement, ou d'infrastructures hydrauliques de distribution, comme des canaux ; et sans doute aussi un champ à explorer, plus nouveau, sur les solutions plus douces d'intégration dans les aquifères de l'eau turbinée en hiver pour pouvoir la réutiliser en été. Sur le plan économique aussi, il faut pouvoir trouver des solutions

intégrées de cofinancement eau-énergie ; de nouveaux équipements mériteraient sûrement d'être mis en place, et il faut également travailler (sujet qui ne doit pas être tabou) sur les ouvrages existants, sur la contribution directe ou indirecte des bénéficiaires de ces services.
Nous avons aujourd'hui une gestion de l'eau qui est locale à l'échelle d'un aquifère ou d'un bassin-versant, alors que la transition énergétique, elle, se traite à l'échelle française ou européenne. Il nous manque un pont, entre cette transition énergétique, gérée à l'échelle nationale voire européenne, et la gestion des cours d'eau, plus locale, avec l'importance liée au territoire.

Michel Senimon
J'ai deux questions pour vous : « Que représente la micro-hydroélectricité dans ce pôle des énergies et qu'en pense EDF : est-ce intéressant à développer ? ». « Nombre de citoyens craignent que l'ouverture à la concurrence de l'hydroélectricité soit, à terme, une catastrophe pour la sécurité des ouvrages : qu'en pensez-vous ? ».

Fabrice Amalric
Pour la première question sur la petite hydraulique, effectivement un parc de l'entreprise exploite également des petites centrales hydrauliques comme des grands ouvrages : ce n'est pas tout à fait la même approche en termes d'exploitation, puisque nos grands ouvrages sont pilotés à distance et permettent ce travail d'intégration des autres énergies renouvelables grâce à ce pilotage ; la petite hydraulique est aussi importante, puisqu'elle contribue à cette production sans CO2, et c'est bien notre objectif, donc EDF est autant partie-prenante de la petite hydraulique que de la grande, avec de fortes volontés de développer l'une et l'autre.
Pour la deuxième question, nous ne sommes pas propriétaires des ouvrages hydrauliques : nous sommes sous un régime de concession, des discussions sont actuellement menées au niveau européen autour de la manière de mettre en œuvre ou pas ces concessions hydrauliques. La sûreté hydraulique est un sujet important sur lequel nous sommes tous mobilisés : cela fait

vraiment partie de l'ADN d'EDF ; mais il faut savoir que nous sommes aussi contrôlés par notre administration sur ces questions-là, les DREALs ; les deux sujets sont indépendants.

Michel Senimon
Une question pour Eric Tardieu : « Pensez-vous que le problème ne porte pas également sur notre difficulté à cloisonner le petit cycle et le grand cycle de l'eau, malgré un enjeu global d'adaptation ? »

Eric Tardieu
C'est une évolution en cours de mieux conjuguer ce que nous appelons le « petit cycle » et le « grand cycle », puisqu'un certain nombre d'éléments nous rappelle à l'ordre et rappelle la nécessaire cohérence dans la gestion du petit cycle et du grand cycle. On a déjà évoqué un certain nombre d'aspects, liés à cela : les singularités urbaines, et cela fait déjà très longtemps que l'eau (dans les grandes villes en particulier) est gérée à une échelle beaucoup plus large ; prenons l'exemple de Paris, pour ne pas rester sur Limoges : l'eau potable de la région parisienne provient des alentours, à environ 150 kilomètres ; la gestion des inondations au sein de la ville de Paris dépend d'un certain nombre de lacs qui sont à l'Est de Paris, à 200 ou 250 kilomètres. Ce n'est pas complètement nouveau mais, effectivement, les pressions du changement climatique nous rattrapent, la compréhension aussi de la « sécurité écologique versus sécurité de l'eau », qui procède des mêmes logiques ; l'on sent bien qu'il va falloir gérer des solutions naturelles plutôt à l'échelle large (celle du grand cycle) pour permettre d'améliorer, y compris en termes de qualité : par exemple avoir des écosystèmes à l'amont des bassins-versants qui sont fonctionnels et préservés, cela peut améliorer voire diminuer les coûts de production en eau potable dans une ville en aval ; c'est ce dialogue ville-bassin que j'évoquais rapidement, et on sent bien que, dans nos pays européens, sous l'angle règlementaire et législatif qui a été un peu balayé (mais aussi partout dans le monde), on essaie de plus en plus de mettre en dialogue, en cohérence, ce que l'on continue d'appeler, par facilité de langage, « petit cycle » et « grand cycle ».

Michel Senimon
« Dans quelle mesure EDF est ou peut être rémunérée pour ses externalités positives ? »

Fabrice Amalric
Il y a deux aspects dans ce qu'on peut apporter autour de la production d'hydro-électricité : la production en tant que telle, pour laquelle nous sommes rémunérés pour la puissance que l'on met en place sur le réseau. Là où il y a le plus besoin de rémunération, où les choses ne sont pas clairement établies aujourd'hui, c'est sur la question des charges que l'on supporte en matière d'exploitation des ouvrages : on peut partager ces charges, ou alors, puisque l'on a des coûts liés à la perte d'optimisation de cette capacité à piloter et à alimenter le réseau électrique à la demande, cette désoptimisation pourrait être indemnisée ; c'est la question que nous avons en tant que producteurs-hydro électriciens, qui n'est pas tout à fait tranchée aujourd'hui.

Eric Tardieu
Effectivement, pour élargir la réponse et la question, puisque cet enjeu « d'intégration des externalités positives », comme diraient certains économistes, est une question d'actualité, on va avoir tendance à employer le vocabulaire de « paiement pour services environnementaux » ou « paiement pour services climatiques ». C'est notamment une réflexion importante pour l'agriculture, et pour les services qui sont rendus par certains types de pratiques, qui conduisent à des rendements moindres au sens purement agricole, mais qui ont un bénéfice important au plan environnemental et au plan de la préservation des ressources en eau.

Table ronde

Jean-Emmanuel Gilbert
Directeur de développement d'Aquassay

Je suis le directeur de développement d'Aquassay, entreprise basée à Limoges ; nous sommes vingt-cinq personnes environ, spécialisées sur l'efficacité hydrique. Nous avons beaucoup travaillé sur le secteur de l'industrie, et nous travaillons maintenant avec les collectivités locales.
Je vais vous présenter le contact qui nous a amenés, il y a sept ou huit ans, avec mon associé, Stéphane, à créer cette entreprise.
Le constat est ce que l'on a appelé « transition hydrique », de la même manière qu'il y a eu « transition énergétique », pour des motifs qui sont à peu près similaires, la restriction de la partie ressources. Mais un autre aspect est extrêmement important, surtout pour une entreprise, c'est la partie économique : oui, il va falloir faire une transition hydrique parce qu'il y a des contraintes, mais c'est aussi une opportunité positive de la faire.
En effet, d'un côté, pour la partie énergétique, l'on a constaté l'existence de « passoires thermiques », mais, parce que l'on a considéré l'eau comme étant inépuisable inaltérable et gratuite, on a fabriqué des « passoires hydriques », tout simplement parce que ce n'était pas la question ; maintenant que l'on est dans un monde en restriction, on se rend compte que l'on a construit les villes, l'agriculture, l'industrie, toutes les activités humaines, par rapport à un monde qui, maintenant, n'existe plus, en tous cas à certains moments de l'année.
Ainsi, s'agissant de la question du coût global de l'eau, il est très sous-estimé ; au-delà du « coût-matière », c'est-à-dire le prix du mètre-cube entre autres, il faut calculer tous les investissements et les coûts de fonctionnement (qui sont assez considérables), toutes les consommations d'énergie qui sont liées à ces installations (qui peuvent aussi être considérables), sans oublier que cette eau peut être utilisée pour différentes activités, par exemple pour l'énergie (le transfert thermique et les réseaux froids par exemple) ; lorsque l'on a une mauvaise gestion de cette

eau, ce n'est pas un coût qui apparaît dans les factures, mais l'impact est très couteux.
C'est l'image classique de l'iceberg : l'on a des coûts directs, qui sont généralement ceux que les gens suivent, mais, en dessous, on a tous les coûts indirects et bien sûr, selon votre activité, sa taille, le secteur industriel, la ville concernée, l'épaisseur de chacune de ces tranches va être plus ou moins importante. Globalement, on constate sur le terrain que les coûts indirects sont beaucoup plus importants que les coûts directs ; les ordres de grandeur que l'on a pu calculer sur des sites industriels montrent que l'on passe de quelques euros le mètre-cube à quinze, vingt, vingt-cinq euros, et cela peut aller beaucoup plus loin.
C'est un point très important parce que, dans cette notion de transition hydrique, ce n'est pas simplement que l'on est sous contrainte, qu'il va falloir bouger et que cela va nous coûter ce l'argent, mais la situation actuelle, celle d'aujourd'hui, nous coûte de l'argent ; du coup, c'est aussi un moteur pour enclencher cette transition hydrique.
Si on schématise, jusqu'à présent la stratégie de gestion de l'eau est seulement une stratégie de traitement de l'eau, et non pas de gestion de l'eau. Quand vous avez différents usages, que vous soyez une ville ou une grande entreprise, vous dites que vous avez un certain besoin, en mètres-cubes, et quelqu'un arrive pour appliquer un traitement et acheminer l'eau ; à la sortie, vous avez des eaux usées, l'on va appliquer un traitement pour respecter les contraintes. Donc, petit à petit, on a empilé des procédés, ce qui est contre-productif d'un point de vue économique, mais constitue une impasse technique puisque lorsque l'on a découvert les micropolluants et autres. Cela a été le début d'une inflation de technologies qui est à peu près infinie.
Une deuxième conséquence est très problématique : tous les effluents sont mélangés et envoyés dans un système d'épuration. Là, on fait quelque chose qui est éventuellement contre-productif puisque l'on mélange des effluents qui ne sont pas compatibles. Or, cela ne nous viendrait plus à l'idée d'envoyer dans la nature ensemble nos boîtes de conserves, avec le verre, les épluchures de pomme de terre, parce que ce sont des déchets ; nous opérons du tri-sélectif pour séparer ces déchets, mais actuellement, on

mélange les eaux de tous ces effluents, en disant que tout est de l'eau sale, alors que ce sont simplement des eaux de qualités différentes, ou polluées de manière différente (avec des médicaments, avec des eaux de refroidissement…), qu'il faudrait gérer, plutôt que traiter, avec des systèmes de gestion dédiés, de manière à faire une gestion raisonnée.
La stratégie d'efficacité hydrique que l'on a portée depuis le début est de dire que l'on ne va pas s'intéresser au traitement ; le premier enjeu est de se demander ce que les usages font avec l'eau : qui rejette quoi ? Qui consomme quoi ? On va donc identifier tous les usages ; cela peut être à l'intérieur d'une ville (avec des hôpitaux, des abattoirs, des particuliers…), mais ce peut aussi être à l'échelle d'une usine (avec différents ateliers et différents procédés) ; si l'utilisation est raisonnable, efficiente, est-ce que l'on ne peut pas faire mieux ? L'idée est donc d'utiliser tous types de technologies ou de solutions organisationnelles pour réduire les consommations et les pollutions produites.
Deuxième niveau, nous avons des effluents hétérogènes et nous allons les gérer de manière dédiée : nous allons donc mettre en place le tri sélectif, éventuellement, à la sortie de certaines opérations (de manière à sortir les phases qui sont les plus concentrées, qui vont partir en déchets liquides et pas du tout partir en station d'épuration), mais une autre partie des eaux va être suffisamment intéressante pour être recyclée, réutilisée de manière beaucoup plus simple puisqu'on ne l'aura pas mélangée avec le reste de l'usine ou de la ville.
Troisième niveau de la stratégie, tout ce que l'on n'a pas pu éviter, il va falloir le traiter, avec des traitements en amont et en aval des usages, et l'on va travailler sur la manière on peut améliorer la performance de ces usages.
La stratégie amène à une conclusion assez simple : l'enjeu technologique lié à la gestion de l'eau en termes de stratégie d'efficacité hydrique est avant tout une stratégie de connaissance : qui fait quoi ? Le cœur du système, c'est donc la *data*, l'information plus que la *data*, d'ailleurs. Notre rôle va donc être de cartographier des périmètres complexes, y compris des plateformes industrielles, pour voir à quels endroits il peut exister des leviers d'action, et enclencher ces leviers d'action.

Puisque c'est un mixte entre métiers de gestion de l'eau et métiers de la gestion de l'information, de la *data*, nous avons développé tout un système dédié à la gestion de l'eau (de collecte, centralisation, standardisation et exploitation et interprétation de la donnée en temps réel), que l'on est en train de déployer au niveau mondial ; nous sommes déjà présents dans environ 120 sites dans plus de neuf pays ; par exemple, nous avons connecté une usine en Thaïlande, une autre au Pakistan, au travers de nos clients. L'idée est de pouvoir collecter cette information qui est l'information pertinente à la question posée ; nous n'opérons pas une centralisation de toute la *data* possible sur la Terre pour voir ce que l'on peut en faire : nous avons des questions techniques pour lesquelles nous cherchons des données que nous interprétons, puis que nous mettons à la disposition des utilisateurs.
Le principe est que, à partir de cette connaissance de la cartographie dynamique des flux et des usages de l'eau sur un périmètre, nous allons tout simplement identifier les leviers d'action et mettre en place une démarche qui, progressivement, va amener à une réduction de la consommation, réduction des rejets, et donc à une amélioration de la performance, ici par exemple, industrielle, en termes de gains parce que l'on améliore la productivité et on diminue tous les coûts et les risques. Ce sont donc des démarches très positives d'un point de vue économique. Cette stratégie est mise en œuvre sur des sites industriels de tous types de secteurs (on travaille pour l'agroalimentaire, pour la pharma, pour la chimie, parce que l'eau est utilisée par tout le monde, dans à peu près toutes les actions humaines) ; l'idée était de faire une cartographie, d'identifier les usages, d'essayer d'agir à leur niveau ; depuis environ deux mois, nous essayons de mettre cela en application dans des collectivités et, plus particulièrement, dans les territoires. C'est pourquoi nous avons lancé ce programme de « réseau de territoires en transition hydrique », avec la même stratégie ; bien sûr, c'est plus compliqué puisque la problématique de gouvernance n'est pas du tout la même que la problématique de la donnée, mais sur un territoire en transition hydrique, on fait un diagnostic tout d'abord sur le « système-eau » (c'est-à-dire d'un côté les ressources, de l'autre les usages), les infrastructures et services

qui font le lien entre les usages et les ressources et, d'un autre côté, la gouvernance.
La grande question posée c'est : « est-ce cohérent ? Est-ce efficient ? » et, vu les modifications actuellement liées au changement climatique et à la surexploitation des ressources, « est-ce résilient ? ». Au fur et à mesure, puisque cela est une démarche d'amélioration continue, nous allons identifier des points d'action en nous demandant d'où viennent les médicaments que l'on trouve en milieux naturels, en essayant de traiter en amont plutôt que de traiter en station d'épuration ; on peut réduire également les consommations d'eau *et cætera.*
Je ne vais pas détailler les gains attendus, mais la finalité est bien sûr la capacité d'assurer les fonctions de l'eau. Mais quand nous parlons de *fonctions de l'eau*, des *usages*, il n'est pas seulement question de l'eau potable, mais aussi de l'eau des milieux naturels (qui sont bien sûr les deux usages qui sont prioritaires en cas de restrictions), la production industrielle et agricole, les services de la ville, le tourisme *et cætera ;* la question est : « peut-on amener l'efficacité sur tous ces domaines ? ». Un autre but est de réduire tous les conflits d'usage, et de gérer la partie économique et de réduction des risques.
Pour aller au-delà des enjeux technologiques (la technologie est là pour nous aider à résoudre les problèmes, mais la majorité des problèmes humains ne sont pas du tout technologiques), des questions se posent sur la propriété des données : tant que l'on est sur un site industriel, qui a un périmètre limité, c'est assez facile mais, quand on commence à avoir un périmètre à peu près ouvert, avec des acteurs qui ont chacun leur légitimité, va se poser la question l'application de cette stratégie systémique de la propriété des données. La problématique de la gouvernance (déjà évoquée) et la problématique de la gestion des conflits d'usage (notamment relevée par le dernier rapport de l'Assemblée Nationale en Juin 2020, sur le fait qu'il va falloir que l'on commence à s'occuper de ce point) existent aussi, et puis, la question de la priorisation des usages, puisque tout cela est un monde nouveau ; s'il y a des expérimentations, on essaye de faire avec, puisque pour le moment, dans un cadre juridique et économique, ces questions ne sont pas cadrées au sens où les « juristes » l'entendent.

Michel Senimon
Merci pour cet exposé qui suscite tout de suite une question : « Pensez-vous que la *data* permette aux collectivités de répondre à des objectifs politiques de reprise en main de territoires face à une complexité technique de la gestion de l'eau telle qu'on a pu la décrire tout au long de la journée ? »

Jean-Emmanuel Gilbert
La technologie n'est qu'un outil, donc les solutions ne sont jamais complètement technologiques : ce sont des solutions organisationnelles, notamment au niveau des métiers ; la technologie, que ce soit la *data* ou autre chose, sert le métier ; c'est ce qui va un peu changer entre ce que l'on avait jusqu'à présent et le monde dans lequel on est en train d'entrer, si l'on veut avoir une approche systémique, et une analyse qui va, à terme, jusqu'à l'anticipation à moyens et longs termes des risques (ce qui change dans la situation actuelle étant les aléas climatiques, et leur impact dans trois à cinq ans sont de véritables inconnues). La collecte de la donnée, leur exploitation et leur mise à disposition vont permettre la facilitation des collectivités locales.
Un deuxième aspect très important est que la donnée peut être aussi utilisée dans le cadre de la formation, dans le cadre du transfert de savoir-faire, pour pouvoir justement faire à distance.

Michel Senimon
Est-ce que ça ne peut pas, comme dans d'autres politiques publiques, permettre la mise à disposition auprès des citoyens, pour permettre justement une participation accrue des citoyens dans la résolution des problèmes ?

Jean-Emmanuel Gilbert
Exactement, mais pas seulement des citoyens ! L'on est dans un cadre de gouvernance, donc c'est le partage des informations avec les autres qui est essentiel, et cela va devenir une nécessité, puisque sinon, il n'y a pas de gouvernance ; en effet, on revient sur la question des *communs* : si on est dans un commun, il faut qu'il y ait aussi des partages de données ; c'est valable pour tout le monde, parce que sans cela, on ne peut pas piloter un système

(ce qui change, c'est qu'avant on pratiquait une gestion fragmentée alors qu'aujourd'hui on fait une gestion systémique et s'il n'y a pas de partage de données, il n'y a pas de gestion systémique) ; à un moment donné, il va falloir réglementer cela ou mettre en place des pratiques qui vont permettre ce partage de données.
Donc, que ce soit à ces trois niveaux (la compréhension du système et l'anticipation des problèmes ; le partage des savoir-faire au travers de la *data* ; le partage des informations au travers de la gouvernance), c'est cela qui permettra de réduire la taille et la vitesse du paquebot que l'on est en train d'envoyer dans l'iceberg.

Michel Senimon
Cette intégration ne se fait qu'en partie par la donnée, mais pas que, et on peut noter tous les efforts de décloisonnement des différents acteurs et des différents politiques : on n'est pas encore au système systémique, mais une prise de conscience est en train de se formaliser chez les décideurs et, peut-être aussi, chez les citoyens ; mais la *data* sera un moyen mais il faudra beaucoup d'autres réformes institutionnelles pour y arriver.

Jean-Emmanuel Gilbert
Tout à fait ; nous avons une image très courte et un peu brutale, peut-être, mais, quand on va chez le médecin, ce qui nous intéresse n'est pas qu'il nous fasse une liste de tous les résultats de l'analyse médicale : ce n'est pas la *data* qui nous intéresse, mais le fait qu'il nous dise qu'on est malade ou non, qu'il nous donne des conseils sur la marche à suivre. Donc la *data*, quelle qu'elle soit (puisque la *data* est un terme extrêmement générique, elle concerne la métrologie, des informations sur l'écosystème…), correspond à un constat mais que peut-on en faire ? Cela correspond à *l'analyse-métier*.

Michel Senimon
Une nouvelle question, posée à Eric Tardieu : « dans quelle mesure la police de l'eau peut-elle participer à la construction de ces territoires de gestion hydrique ? ».

Eric Tardieu

Nous croyons effectivement que la police de l'eau est un élément indispensable au bouclage de l'efficacité des politiques publiques ; il y a la loi, les conditions d'application de cette loi, et le contrôle de l'application de la loi, ce que l'on appelle, par un vocabulaire pas toujours facile à traduire, la « police de l'eau », cette compétence qu'a généralement l'Etat de vérifier que les acteurs se conforment à ce qui a été décidé sur tout un tas de documents cadrés. C'est vraiment un sujet important (pas très populaire puisque l'on parle de police donc éventuellement de constatations d'infractions, d'amendes, de suites administratives, juridiques et légales), mais les pays où les politiques de l'eau sont les plus efficaces sont aussi ceux qui ont mis en place cet aspect-là de la politique de l'eau ; à l'inverse, on connait des pays que je ne vais évidemment pas citer, où la lecture du code de l'eau est tout à fait alléchante et, dans les faits, le pays n'a pas les moyens de structurer une police de l'eau opérationnelle et efficace et, la loi n'étant pas appliquée, on n'en voit pas les effets.

Michel Senimon

Quand vous évoquez la police de l'eau, on est sur une conception qui se rapproche de la police administrative plus que de la police judiciaire : ce qui est intéressant dans cette approche de la police de l'eau, c'est qu'elle tente de faire entrer la préservation de la ressource hydrique parmi les grands objectifs de préservation de l'ordre public, un ordre public qui n'est d'ailleurs plus national, ni même européen, mais ici plutôt international.

Eric Tardieu

C'est-à-dire que l'enjeu est très partagé, me semble-t-il, à l'échelle internationale ; les conditions de mise en œuvre de cette police totalement administrative sont extrêmement dépendantes des contextes juridiques nationaux.

Michel Senimon

Mais si l'on se place dans une perspective d'enjeux et d'objectifs, on tente d'ériger cette protection de la ressource hydrique partagé par l'ensemble des Etats.

Jean-Emmanuel Gibert

Je peux vous le confirmer, puisque nous préparons un manuel sur ces sujets-là et que nous recueillons justement des cas d'étude qui vont du Mexique à la Chine, en passant évidemment par certains pays d'Europe.

Pieter Kuypers

Professeur de droit européen à l'université Radboud de Nimègue (Pays-Bas)

J'enseigne en particulier le droit des marchés publics et de droit de la concurrence. En plus, je suis avocat à Bruxelles, où je travaille dans les mêmes domaines de droit européen.

La plupart des Pays-Bas est en dessous du niveau de la mer, et bien sûr, nous sommes conscients depuis longtemps que l'eau (et pas seulement l'eau potable), la gestion de l'eau et la gestion de l'environnement sont un aspect important de la fin. Je ne suis pas un expert de la gestion de l'eau, mais plutôt un juriste, et je me demande parfois si le droit européen nous facilite suffisamment la tâche pour des projets d'intérêt commun en Europe, non seulement nationaux mais aussi transfrontaliers pour réussir à créer une politique publique, ou une gestion de l'eau convenable.

Je vais tenter de vous montrer les difficultés que l'on a avec le droit européen dans des structures transfrontalières, et également les possibilités qui demeurent quand même.

Dans la gestion de l'eau, surtout dans le cadre de la production de l'eau, on connait des difficultés depuis bien longtemps ; par exemple, aux Pays-Bas, la pollution des fleuves est considérable, et on devrait prendre des mesures pour la purification avant de produire de l'eau potable. Mais, dans cette procédure, il y a des déchets, des résidus considérables ; pour vous en donner une idée, dans les participants à ce projet que je voulais vous présenter comme exemple de la réussite de la coopération transfrontalière : il s'agit de 330.000 tonnes par an de résidus qui sont issues chaque année de la production d'eau potable. Les sociétés d'eau, mais également les autorités publiques, ont chaque année une offre sur le marché de résidus considérables, mais des résidus que l'on peut réduire grâce à l'avancement de la technologie que l'on utilise.

Le problème est que, dans les matières primaires et dans le domaine des résidus, il existe de très grandes sociétés qui traitent et qui font du recyclage pour créer de nouveau des matières que l'on peut utiliser. C'est ce que l'on a fait pour bien avancer le recyclage et les résidus des déchets, grâce à une société en commun qui s'appelle *AquaMinerals* pour vendre et commercialiser les résidus qui sont produits par les processus de l'eau potable. Cela semble une structure logique, simple : on a recréé une société fille détenue par tous les participants belges et hollandais, afin d'être plus forts sur le marché ; on a une partie dans la commercialisation qui est plus forte, comme cela, on peut obtenir de meilleurs prix pour des résidus, et on peut développer une stratégie commerciale plus facilement sans que l'on ait en même temps trop de concurrents.

Quelles sont les difficultés que l'on va voir dans une telle structure qui, du point de vue de la politique de l'eau, est tout à fait raisonnable pour améliorer l'environnement, et aussi pour créer un recyclage plus facile des résidus ? Tout d'abord, si on fait une telle structure, il y a des questions sur les marchés publics, parce qu'une société comme *AquaMinerals* peut-elle librement vendre et travailler pour les sociétés-mères et les entités publiques ? En plus, les règles européennes obligent malheureusement *AquaMinerals* dans un autre régime juridique que les actionnaires : les actionnaires sont soumis au règlement sur les sociétés d'eau, la directive 2024-2025, et la société *AquaMinerals* la directive 2014-2024 ; il y a déjà une différence, et je serais en faveur d'un même régime dans un tel cas pour la société-fille ainsi que pour la société-mère.

Deuxièmement : peut-on librement demander à la société-fille (donc *AquaMinerals*) d'exécuter des travaux ? Oui, avec la jurisprudence actuelle, la cour de justice européenne laisse dans un tel cas la liberté aux sociétés de l'eau de créer une société de services qui aide à la commercialisation de résidus et de matières premières, bien qu'il soit possible que la société-fille n'ait pas de pouvoir adjudicateur alors que les actionnaires le sont. Dans ce cas, la jurisprudence de la cour européenne a décidé en faveur d'une telle structure qui aide à exécuter la bonne gestion des résidus qui provient de la production de l'eau.

Troisièmement, les sociétés travaillent ensemble et se forment en bloc économique, bien qu'une partie des participants n'ait pas vraiment d'activité économique dans le vrai sens, parce que la production, en général, à la base d'une confection de l'eau potable n'est pas régulièrement conçue comme une activité économique soumise au droit de la concurrence européenne ; il y a tout de même deux aspects : tout d'abord, si des sociétés d'eau travaillent ensemble, est-ce qu'elles ne sont pas soumises au contrôle des concentrations entre entreprises ? A mon avis, on doit répondre positivement à cette question : oui, elles sont soumises mais, d'un autre côté, les sociétés n'ont pas un tel pouvoir sur le marché européen qu'une telle concentration n'est pas permise ; au contraire, il y a beaucoup de sociétés dedans, comme on le voit dans la structure, et on peut même se demander s'il y a un ou plusieurs participants qui a vraiment la possibilité de prendre des décisions seul, et cela est une condition requise. Là, les règles européennes sont présentes, mais laissent à de telles structures l'intérêt de la gestion de l'eau à sa place. Deuxièmement, il y a un problème dans une telle structure : la commercialisation jointe des produits est soumise aux règles de la concurrence ; et là, bien que les intentions soient positives et qu'il y ait une justification faisable dans l'intérêt général et environnemental, on ne peut pas aller au-delà de 15%. Heureusement, une telle structure, dans la situation actuelle, reste en dessous.

Quatrième et dernière influence et impact du droit européen : *AquaMinerals* n'est-elle pas supportée par les sociétés-mères, dans le sens que l'on aide à créer une entreprise (*AquaMinerals*) ? *a fortiori*, je crois qu'il y a un risque mais, si on fait une structure, toutes les relations, tous les rapports entre les actionnaires et les sociétés-filles sont « harm length » (pour le dire en anglais), en d'autres mots sont basés sur les véritables coûts de cette structure, et donc les règlements européens n'empêchent pas une telle structure.

Dernièrement, il ne faut pas oublier, et là je suis partisan mais j'aimerais avoir votre avis, il y a malheureusement en plus des règles nationales, belges et hollandaises ; j'ai pris en exemple une loi sur les activités commerciales du secteur public, c'est-à-dire que toutes les entités du secteur public sont soumises aux règles quand elles exercent des activités commerciales ou économiques. Je ne crois pas que, dans cette situation, il y ait trop de complexité, mais je trouve qu'en droit européen et surtout dans des coopérations transfrontalières, on doit être très réticents avec l'intervention des règles nationales. En fait, les quatre règles sont très simples : tous les frais, dans une telle structure doivent être compris ; il doit y avoir une égalité de traitement par les sociétés d'eau de tous les partis, donc la société-fille doit traiter de la même façon les différentes parties qui achètent des résidus directement ; on ne peut pas utiliser les données des sociétés d'eau ; enfin, il faut une séparation des fonctions, c'est-à-dire que, dans le conseil d'administration d'*AquaMinerals*, par exemple, on ne peut pas mettre les fonctionnaires des sociétés-fille.

Conclusion de cet exemple de coopération transfrontalière dans le domaine de l'eau : le droit européen ne facilite pas trop mais n'empêche pas non plus de telles coopérations ; il y a une certaine interaction entre le droit européen et le droit international, et je suis plutôt partisan d'être réticent à l'idée de promouvoir de telles structures avec des règles de nature nationale. Le droit national, ici, semble un peu plus libéral, à part cette loi au sujet des activités des entités dans le secteur public et, surtout, une telle force de frappe a des bénéfices pour le recyclage et la réutilisation des matières primaires ; malheureusement, les aspects environnementaux dans toutes ces règles européennes ou nationales sont trop ou très peu pris en considération. Donc, plutôt que « fragmentation », comme le proposait le titre de ce colloque, je parlerais d' « intégration » et de « promotion » de la coopération dans le domaine de l'eau, parce que, ensemble, on peut être plus forts.

Malgorzata Moleda-Zdiech
Professeur en sciences sociales à Warzaw School of Economics (Pologne)

Le thème de ce colloque est vraiment d'actualité et d'une grande importance pour la Pologne.

Je vais commencer ma présentation en citant une phrase qui ouvre le rapport de la Cour des Comptes polonaise, publié il y a cinq ans : « statistiquement, un Polonais dispose de 1.600

mètres-cubes d'eau par an, soit trois fois moins que la moyenne dans l'Union européenne : nos ressources sont comparables à celles de l'Egypte », a alerté en Juin 2015 la Cour des Comptes polonaise ; ce rapport a été intitulé « Pologne : Désert d'Europe » et, malheureusement, la situation n'a pas changé, elle est même devenue pire en ce qui concerne l'eau. Il faut peut-être rappeler que, contrairement aux idées reçues, la Pologne, située à la frontière des zones climatiques océaniques et continentales, n'a jamais eu beaucoup d'eau ; elle reçoit moins de pluie que les pays plus à l'Ouest, alors que l'évaporation y reste comparable. Le problème de la sècheresse concerne en Pologne toutes les Voïvodies.

De plus, le problème est devenu de plus en plus grave avec les changements climatiques, les sècheresses de plus en plus fréquentes et l'apparition de pluies violentes et très brèves. La situation est devenue alarmante, et c'est pour cela que les services hydrologiques polonais ont déclenché une alerte en juillet de cette année 2020 : dans 12 Voïvodies sur 16, le niveau des eaux souterraines risque d'être insuffisant ; en clair, dans la plupart de notre pays, l'eau manque dans les puits les moins profonds. Plus de 320 municipalités ont imposé, face à cette situation, des économies d'eau : certaines ont interdit de remplir les piscines, d'arroser les jardins ou de laver les voitures, sous peine de lourdes amendes.

Je voudrais parler un peu de la situation de crise de cet été, parce que cela montre le niveau social et la dimension sociologique du problème. J'ai commencé par une citation du rapport de la Cour des Comptes polonaise, qui souligne la pénurie d'eau en Pologne, mais seulement 26% des Polonais sont confiants dans ce fait : le savoir social, en ce qui concerne le problème de l'eau, n'est pas fréquent et n'est malheureusement pas un sujet d'actualité ; dans cette situation, la Pologne doit faire face à de graves pénuries d'eau et s'adapter à la situation. Il faut avouer qu'après des années de mauvaise gestion, nous souffrons maintenant des résultats du manque de politiques publiques à ce niveau. Je voudrais donner quelques exemples d'action introduites par des autorités locales, dans la situation de crise que l'on a affrontée cet été : par exemple, la ville de Gdańsk, située au nord de la Pologne, a été la première à proposer d'organiser des jardins

d'eau souterrains et des parcs de rétention ; la ville de Kielce, une ville comparable en taille avec Limoges, a proposé un programme de rétention des eaux de pluie, qui permettrait aux résidents de bénéficier de financements pour l'achat et l'installation de réservoirs pour l'eau de pluie ou la fonte de neige et la construction de puits absorbants, entre autres équipements.
Bien sûr, de nombreuses actions ont été entreprises également à Varsovie, la capitale ; par exemple, l'eau de la piscine du quartier Praga a été utilisée pour laver les rues et arroser la flore locale. Même dans les petits villages et les campagnes, l'eau des piscines a été utilisée : par exemple, elle a été distribuée par les pompiers aux agriculteurs pour leurs jardins et leurs parcelles agricoles.
Ces actions visent uniquement à gérer des situations de crise, une situation temporaire. Il faut une politique publique à long terme et il faut aussi peut-être sélectionner les problèmes ; en ce moment, le problème prioritaire est celui de la rétention, beaucoup de programmes au niveau des gouvernements et au niveau des pouvoirs locaux sont proposés : je vais seulement signaler que le gouvernement a proposé la construction d'ici 2027 d'une trentaine de réservoirs de rétention, afin de doubler le volume d'eau stocké actuellement (c'est un investissement de 14 milliards de Złoty, c'est-à-dire un peu plus de 3 milliards d'Euro), et les agriculteurs pourront construire des petits réservoirs, jusqu'à mille mètres-cubes, sans autorisation spéciale.
Pour promouvoir et faire connaitre ces programmes, il faut aussi des campagnes d'information. En ce qui concerne le programme de rétention de l'eau, plusieurs campagnes ont été proposées au niveau du gouvernement. Tout d'abord, le ministère du climat a lancé le programme « Mon eau », qui a eu du succès, mais le programme n'était pas très important, c'est-à-dire que les applications et la demande étaient beaucoup plus fortes que l'eau.
Ma collègue, Clara Rame, a mentionné ce matin un facteur de pression politique, et il faut souligner que l'eau et la politique vis-à-vis de l'eau constituent aussi une politique qui subit des pressions politiques, parce que c'est une question qui touche le jeu des intérêts, parce que la gestion est répartie entre deux acteurs : privé et public, et ce n'est pas facile à gérer.
Je voudrais revenir sur les côtés sociologiques du problème. On a beaucoup parlé aujourd'hui de questions administratives,

juridiques, de gestion, et c'est très important, mais on doit aussi penser aux utilisateurs, c'est-à-dire aux gens qui profitent chaque jour de l'eau, qui consomment l'eau, parce que c'est la consommation responsable qui peut donner la réponse et résoudre ou alléger le problème. En ce qui concerne la recherche, nous n'avons pas beaucoup de données concernant, par exemple, le style de vie, le style de consommation de l'eau ou la conscience sociale concernant l'eau et les problèmes liés au manque d'eau ; cependant, certains résultats montrent que plus de la moitié de la population a subi des déficits d'eau ; alors la peur de ne pas avoir d'accès à l'eau est assez grande, parce que dans certaines catégories socio-professionnelles, cela atteint plus de 60-69% ; surtout les gens à la campagne, les agriculteurs ont cette peur permanente de ne pas avoir assez d'eau.

Pour conclure, je voudrais souligner un certain retard à découvrir les problèmes d'eau en Pologne, les problèmes définis comme la question de la politique publique ; je vais citer une phrase d'un expert de *GreenPeace*, qui dit que « ce n'est que maintenant que l'on découvre en Pologne le problème avec l'eau. On pensait jusqu'à présent que ce problème ne touchait que l'Afrique subsaharienne, et que ce n'était pas un problème européen ni polonais ». Mais on ne peut pas réfléchir à ces problèmes comme un problème national, ni même européen : il faut penser ce problème comme un problème planétaire, parce que seulement en agissant ensemble que l'on peut trouver des solutions. Il faut définir et traiter ces problèmes de manière prioritaire.

Aujourd'hui, on a beaucoup parlé de la gestion et de la protection de la ressource en eau, de la lutte contre la perte d'eau, de la mutualisation de moyens financiers, de l'égalité des usagers devant l'accès à la ressource en eau, mais je voudrais souligner cette perspective sociologique, c'est-à-dire la conscience de ce problème, la consommation responsable et de la perception de ce problème comme un problème planétaire et global, et non comme le problème d'un pays ou même de l'Union européenne. J'espère que l'on va rester unis dans l'adversité, car c'est seulement unis que l'on peut trouver la solution à nos problèmes.

Stella Kyvelou
Professeur à l'Université Pantéion des sciences sociales et politiques
Cheffe adjointe du département du développement économique et régional

Permettez-moi de commencer par un poème issu des *Métamorphoses* d'Ovide : « Pourquoi ne voulez-vous pas que je touche à cette eau ? Chacun a le droit d'utiliser l'eau. La nature n'a fait propriété privée ni du soleil, ni de l'air, ni de l'eau courante. Je me suis approchée d'un bien public, c'est pourquoi je vous demande de m'en donner, comme on demande une faveur ».

Nous vivons dans un monde complexe et incertain en ce moment, et nous sommes en plus sous un vrai stress hydrique. Qu'est-ce que signifie ce stress hydrique ? Il y a une explosion de la consommation d'eau, une dégradation de sa qualité (par pollution et rejets d'eaux usées), de graves problèmes de ravitaillement en eau pour une partie croissante de l'humanité (la moitié, voire les deux tiers de la population mondiale sera confrontée à un stress hydrique à l'horizon 2030, et surtout les mégapoles des pays les moins développés seraient les plus concernées par cette pénurie d'eau potable ; 38% de la population mondiale sera exposée au stress hydrique en 2025, contre 9% en 2008).

L'eau est une ressource rare et précieuse, surtout en Méditerranée, là où les impacts du réchauffement climatique varient considérablement, comme en Europe ; les régions les plus touchées se trouvent principalement dans le Sud de l'Europe, par exemple dans les grandes agglomérations et dans les stations touristiques estivales, le long des côtes. Une des conséquences du réchauffement climatique, du changement climatique, sur le cycle de l'eau est l'augmentation de la sècheresse dans de nombreuses régions du globe, en durée et sur des territoires de plus en plus vastes. La Méditerranée connaît des sècheresses longues et intenses. La Grèce est au cœur la Méditerranée et elle est très affectée par ce phénomène du changement climatique.

Les enjeux actuels en Grèce sont multiples, je vais essayer de présenter les plus intéressants, les plus critiques et les plus cruciaux ; il existe aussi beaucoup de mouvements sociaux liés aux types de gestion de l'eau. La gestion de cette ressource aussi

rare que précieuse est un conflit majeur, et il faudra gérer des conflits qui s'exacerbent à Athènes, entre d'une part l'espace rural et d'autre part les usages touristiques et agricoles ; finalement, on peut citer les intérêts économiques et la protection de la nature, ce qui évoque, bien sûr, le développement durable.
En ce qui concerne l'enjeu de répartition inégale entre secteurs, l'agriculture est le secteur le plus exigeant en eau : 85% de l'eau va à l'agriculture, 12% est destiné à l'usage domestique et 2% à l'industrie ; vous voyez la comparaison avec les chiffres concernant la France.
L'agriculture occupant 12% de la population active est de plus en plus spéculative ; l'irrigation nécessite de suivre une norme pour arroser ses vastes superficies, en Thessalie, en Béotie ou dans la plaine de la Macédoine centrale : 85% de la consommation de l'eau est pour le secteur agricole, contre 68% en Espagne et 45% en Italie. Le pays ne compte que 23% de terres arables, et la croissance urbaine accroit aussi la demande : Athènes, avec ses presque 4 millions d'habitants, soit le tiers de la population du pays, provoque un essor de la quantité d'eau nécessaire, tant par le nombre que par les nouveaux comportements (hygiène, consommation domestique…), alors que c'est une zone déjà déficitaire. Le problème est ancien, mais devient de plus en plus vif, puisque 60% des Grecs sont désormais citadins. De plus, de nombreux espaces (ville historique, îles du Dodécanèse, Cyclades, Crête, Péloponnèse…) sont exploités par le tourisme, qui demande de l'eau en quantité pour la consommation, les piscines, les loisirs at autres, alors même que, depuis toujours en Grèce, nous étions habitués à gérer cette ressource de façon économe ; alors que nous avons une diversité de moyens dans les îles, là où l'on concentrait l'eau de la pluie *et cætera*, nous sommes maintenant obligés d'acheminer sur quelques îles de l'eau par bateau.
Bien sûr, l'enjeu le plus important en ce moment est celui de la privatisation. En Grèce, on poursuit malheureusement un chemin totalement à l'inverse des tendances internationales ; le programme concerne en effet la nationalisation des systèmes d'approvisionnement en eau, après l'échec catastrophique du modèle privé. La Constitution grecque dispose que la gestion de l'eau devrait être aux mains de la municipalité, à l'exception de

la Thessalonique et d'Athènes, où les sociétés *EYATH* (de Thessalonique) et *EYDAP* (à Athènes) appartiennent formellement à l'Etat. La privatisation de l'eau a bien sûr toujours été un des objectifs des politiques néolibérales ; pourtant, le secteur de l'eau est l'un des secteurs où ces politiques ont été confrontées à de fortes résistances et ont subi des défaites (voir le fameux référendum informel de Thessalonique, auquel la population a voté à 98% contre la privatisation de l'eau). L'*EYDAP*, compagnie des eaux d'Athènes, et l'*EYTH*, celle de Thessalonique, sont toutes deux transférées au fonds Grec de privatisation (le TAYPED), et c'est là le problème ; ce fonds a été créé selon le mémorandum, c'est-à-dire durant la période mémorandaire, ce qui signifie que la privatisation est déjà mise en œuvre. Les conséquences attendues, en tirant les leçons des pays ayant conduit ce genre d'expériences, sont une hausse des prix pour les consommateurs et la détérioration de la qualité de l'eau potable ; un autre problème est l'exploitation des réserves naturelles en eau potable par les entreprises privées d'embouteillage : ces compagnies, ces « barons de l'eau », profitent d'exemption de taxes et du soutien étatique.

Un dernier enjeu est un peu plus théorique : à cause de ce fort mouvement syndical et social, entre autres des ONG, l'Etat s'est replié et, en ce moment, ce qui se discute est plutôt le fait que l'entretien des réseaux d'adduction va être privatisé, c'est-à-dire la partie qui a affaire avec l'infrastructure et non avec l'approvisionnement de l'eau.

A mon avis, l'enjeu actuel est, pour les acteurs aussi, d'entrer dans une logique de gestion sociale écologique de l'eau, de promouvoir une gestion sociale écologique : la gestion de l'eau, sa gouvernance et les politiques publiques de l'eau devraient s'inscrire au cœur du concept de la ville durable, de la ville frugale et de la résilience évolutionnaire des territoires ; pouvoir produire de bonnes politiques publiques de l'eau présuppose une autre considération de la relation avec la nature et l'analyse des affaires et des contraintes liées à l'eau dans un cadre d'adaptabilité et de résilience dans notre système social et écologique ; notre monde ne correspond pas uniquement à la Nature, mais aussi à l'humain.

Michel Senimon
On comprend cette opposition à la privatisation de la gestion de l'eau en Grèce, même si parfois ce peut être une position politique et idéologique mais elle s'entend tout à fait et, effectivement, nous entrons dans une gestion de l'eau qui doit prendre en compte l'aspect social, humain et solidaire.

Eglé Stonkuté
Directrice du Baltic Institute for Research and Development (BIRD)
Je souhaite vous parler au sujet de tout ce qui se passe en Lituanie sur les questions de management et de gestion de l'eau, et plutôt l'aspect économique et social, mais surtout au niveau de l'effectivité de l'usage de l'eau et les différences entre les divers pays d'Europe.
Tout d'abord, je vais vous présenter certains chiffres sur la situation pour comparer la Lituanie avec les autres pays européens, puis je vais passer au management, pour voir comment il est organisé en Lituanie.
Ce qui est intéressant, c'est l'extraction de l'eau brute : si on regarde les différents pays, on voit que l'usage de l'eau par une personne est tout à fait différent de l'extraction de l'eau ; en Lituanie, elle n'est que de 100 mètres-cubes. Donc les différences sur l'extraction d'eau dans chacun des pays sont très grandes. En Lituanie, l'extraction diminue d'année en année, parce que cette extraction correspond à un usage plus effectif aujourd'hui ; d'un autre côté, c'est peut-être aussi le signe que l'on a moins d'eau à cause de la sècheresse, de la diminution des quantités d'eau qui arrivent sur le territoire.
Si on compare l'extraction de l'eau brute, en le comparant par un million de valeur ajoutée brute dans chacun des pays, les différences ne sont pas très grandes : en Bulgarie et en Grèce, on utilise beaucoup d'eau pour un million de valeur ajoutée créée dans ces pays ; en Lituanie, ce n'est que 10% de ce qui est utilisé en Grèce et en Bulgarie. En Lituanie, on voit très bien que l'on a cette même situation d'abaissement de l'utilisation de l'eau, ce qui est bien en général, ce qui veut dire que l'on crée une valeur ajoutée brute en utilisant mieux la ressource en eau.

Ce qui est très intéressant, parce qu'en Lituanie l'agriculture est aussi le secteur qui utilise le plus d'eau, comme partout dans le monde je pense, c'est que cette agriculture utilise peu d'eau, en comparaison d'autres pays comme la Grèce. Si on regarde la dynamique entre 2010 et 2018, on voit que cette utilisation de l'eau, pour créer la valeur ajoutée brute en Lituanie pour le secteur de l'agriculture, diminue aussi mais la tendance n'est pas vraiment strictement directe.
Si on regarde comment l'industrie utilise l'eau, on voit que la Finlande est vraiment un pays différent, car elle utilise beaucoup la manufacture, mais c'est aussi lié au fait que la fabrication est très liée au bois et au papier, ce qui utilise beaucoup d'eau ; dans les autres pays, la structure d'économie est un peu différente, et l'usage de l'eau est donc plus ou moins modéré. Si on regarde l'efficacité d'usage de l'eau dans le secteur de la manufacture en Lituanie, on voit que cet usage diminue mais pas autant que dans l'agriculture ou dans la consommation en général.
En Lituanie, l'on se dit que l'on a beaucoup d'eau, que l'on n'a pas de problème avec cette ressource ; pourtant, même aujourd'hui, seules 82% de personnes sont connectées au système d'eau public : ce chiffre est assez modeste en comparaison de celui d'autres pays qui n'ont pas de problème, là où près de 100% des personnes sont connectées à ce système. Ce problème est également discuté avec la Commission européenne, qui critique beaucoup la Lituanie à ce sujet-là et qui dit que nous devons beaucoup progresser et faire plus d'efforts pour qu'une plus grande part de la population soit connectée à ce système. Les dynamiques que l'on voit en Lituanie depuis 2010 montrent que cette connexion des gens au système public est en augmentation.
En Lituanie, le management de l'eau est assez décentralisé, parce que les municipalités s'occupent du management de gestion de système de leurs régions, mais le gouvernement central s'occupe du contrôle de tout ce qui se passe dans les régions, donc le contrôle est centralisé. En ce qui concerne l'agriculture, nous avons également des sècheresses en Lituanie ; on discute cette question, mais elle est fragmentée : une partie de la population (tous les agriculteurs) est concernée par le manque d'eau, mais ce n'est pas une question générale ou commune, ce qui fait que l'on n'a pas besoin forcément de mettre en place des mesures ou

de créer une politique de l'eau bien ancrée et intégrée ; c'est le problème.
Le plus grand problème quand on habite près de la mer Baltique est que cette mer est le bassin de l'eau enfermé, et ce bassin est nourri par les rivières de tous les pays qui se trouvent autour de cette mer ; la mer Baltique est donc l'une des plus polluées au monde. C'est un très grave problème.
En conclusion, en Lituanie, on a beaucoup d'eau, on ne discute pas de nos manques mais, parfois, quand il y a des problèmes, ceux-ci sont fragmentés, on ne discute donc pas de la situation globale et on ne se demande pas comment gérer la situation au niveau national, ni même régional ou mondial. Ce problème fragmenté n'est pas bien intégré dans les politiques publiques.

Michel Senimon
Merci beaucoup pour cette approche de données au sujet de la valeur ajoutée, du mètre-cube d'eau en fonction des usages ; c'était très intéressant et, si on faisait cela en France, on serait surpris du résultat. « Est-ce que la variation du PNB va de pair avec la consommation de l'eau ? ». Y a-t-il un lien entre le Produit National Brut avec la consommation de l'eau ?

Eglé Stonkuté
Non, il n'y a pas un grand lien.

Christophe Bonnotte
Juste une question, pour Eric Tardieu et Jean-Emmanuel Gilbert : ce matin, je crois que nous étions parvenus à la conclusion qu'il y avait une appropriation des enjeux de l'eau assez consensuelle ; avez-vous une idée du degré de pénétration des questions qui entourent la disponibilité et la qualité de l'eau dans le débat public des pays européens ? Est-ce un problème de riches (aujourd'hui, on se pose la question de la qualité de l'eau), ou est-ce que les débats que nous avons aujourd'hui sont assez uniformément partagés ?

Jean-Emmanuel Gilbert
En première approche, je n'ai pas de vision détaillée ni mondiale, j'ai une vision qui vient de discussion que l'on peut avoir avec certains de nos clients, qui sont de grands groupes industriels.
En dehors de cela, mon opinion est que la principale dynamique qu'on est en train de voir au niveau mondial est liée simplement au fait que, physiquement, cela ne marche plus ; il y a effectivement des arrêts de la production industrielle dans pas mal d'usines dans le pays, des arrêts momentanés ou des réductions de production, et c'est cela qui est en train de faire bouger le système.

Eric Tardieu
Oui, une remarque et un complément. La remarque, c'est pour constater que sur un certain nombre de secteurs, cette prise de conscience est visible ; on a parlé de la Politique Agricole Commune: il y a une inflexion majeure qui résulte aussi de ce débat public assez largement européen. Les industriels pointent du doigt le risque de plus en plus haut dans leurs priorités et modifient leurs comportements, et les débats publics au sens du citoyen, au sens de l'implication des médias, au sens de l'intérêt de la communauté des journalistes, est croissante, donc je confirme cette tendance.
Le complément, c'est sur cette histoire de « on va dans le mur » ; je pense qu'il est important, en particulier pour nous, la Communauté de l'Eau, de montrer les résultats que permet d'atteindre une politique publique efficace. Nous sommes confrontés à l'engagement qui est le nôtre aujourd'hui et nous constatons qu'il y a des pollutions nouvelles, des problèmes non résolus, qui masquent les succès que l'on peut attribuer à l'échelle européenne (et je vais plus particulièrement parler de la France) à la qualité de nos politiques publiques ; on a évoqué un peu le cas de l'utilisation de l'eau dans l'industrie : c'est un succès majeur. On a aussi cité le cas de la Seine : dans la Seine, à Paris, dans les années 1970, il n'y avait plus que deux espèces de poissons qui survivaient et il était hors de question d'y nager, il y avait des enjeux de santé publique ; aujourd'hui, plus de trente à trente-cinq espèces de poissons qui y vivent, et on envisage

pour les Jeux-Olympiques de 2024 d'y organiser des épreuves de natation : c'est un résultat direct.

Christophe Bonnotte
C'est un résultat direct et rapide, parce qu'on parle d'une politique publique mise en œuvre sur vingt-cinq à trente ans.

Eric Tardieu
C'est donc important de ne pas banaliser le constat : il est grave, c'est évident, mais les politiques publiques portent un fruit que l'on peut mesurer sur des échelles de temps raisonnables.

Christophe Bonnotte
Sur des échelles de temps relativement courtes ; en général, ce qu'on objecte aux politiques publiques en matière de lutte contre le réchauffement climatique ou en matière environnementale, c'est que les effets ne seront visibles qu'à l'échelle de plusieurs centaines d'années.

Eric Tardieu
Pour le domaine de l'eau, on a la chance de voir les effets sur une génération, voire moins : quand vous êtes dans un régime tel que la Chine, c'est sur une décennie que vous voyez des effets majeurs, parce qu'il y a tout une organisation publique que l'on peut commenter à bien des égards mais qui produit des effets à échelle courte.

Michel Senimon
Nous allons conclure cette table ronde avec les propos de Jean Launay.

Jean LAUNAY
Maire de Bretenoux dans le Lot (1989/2014), Député du Lot (1998/2017), Président du Comité National de l'eau, Président du Partenariat Français pour l'Eau

L'eau en France : en haut de l'agenda politique

Auteur avec David Colon d'un livre paru en juin 2017, intitulé " l'eau potable en France; entre facture et fractures", c'est avec satisfaction que j'ai reçu la déclaration du Président de la République en clôture du congrès des maires de novembre 2017, annonçant la tenue d'Assises de l'eau.
Lors de la première phase consacrée au petit cycle de l'eau, nommé coordinateur général de ce processus auprès du secrétaire d'Etat Sebastien Lecornu, j'ai souligné que l'émiettement de la maîtrise d'ouvrage (déjà relevée lors de la table ronde sur l'eau dans la conférence environnementale de 2013) constituait un obstacle à l'investissement public et imposait une nécessaire rationalisation. L'enjeu de la sécurisation de l'approvisionnement en eau potable a permis de poser les sujets de la lutte contre les fuites, du renouvellement des canalisations et des interconnections des réseaux. Les Aquaprêts de la banque des Territoires avec des taux bas et d'une durée de 60 ans sont mis en place. Le premier semestre de 2019 voit le lancement de la seconde phase des assises consacrée au grand cycle de l'eau. Quatre groupes de travail sont consacrés aux économies d'eau, au partage de l'eau, à la protection de l'eau et aux solutions fondées sur la nature. La secrétaire d'Etat Emmanuelle Wargon me charge des sujets transversaux de la gouvernance, du financement et des objectifs de développement durable.

Organisation, Gouvernance et Financement

A ce moment de mon propos, je voudrais saluer la mémoire d'Ivan Cheret, le père de la loi de 1964! Nous lui devons le système des agences de l'eau, outils de mise en œuvre des politiques décidées par les comités de bassin, considérés comme les parlements de l'eau. Ce modèle français de gestion de l'eau, appuyé sur les bassins versants a vécu des modifications législatives et réglementaires depuis plus de 50 années ; mais l'essentiel du fonds de cette loi fondatrice demeure: un système décentralisé et déconcentré avant qu'on ne parle de décentralisation et de déconcentration.

La tendance à l'intercommunalisation de la compétence eau, le rôle de l'échelon départemental comme ensemblier par la mise en place des schémas d'alimentation en eau potable , le débat sur le mode de gestion du petit cycle (DSP ou Régies), la connaissance citoyenne du cycle de l'eau liée au début de la dynamique environnementale, autant d'éléments - mais il en est de nombreux autres- qui alimentent les débats parlementaires. Au fil du temps, la loi, souvent en retard sur les pratiques de terrain, reconnaît les établissements publics territoriaux de bassin (EPTB), les établissements publics d'aménagement et de gestion de l'eau (EPAGE), instaure la gestion de l'eau, des milieux aquatiques et la prévention des inondations (GEMAPI). Je revendique d'avoir porté l'amendement dit de la représentation substitution qui permet à un EPCI de déléguer la compétence eau acquise à une autre structure, type syndicat mixte, plus adaptée à la mise en œuvre de la politique de l'eau sur son périmètre (notion de sous bassin versant).

Les membres des instances des agences de l'eau débattent des SDAGE (schéma directeur d'aménagement et de gestion de l'eau) et votent des programmes pluri annuels d'investissement, intégrant deux formes de solidarité , amont/ aval et urbain/ rural ; à l'échelle des sous bassins ce sont les SAGE (schémas d'aménagement et de gestion de l'eau) qui sont mis en place ; mais la couverture du territoire français est loin d'être complète , faute de maitrise d'ouvrage structurée ... et de volonté politique suffisante pour porter les différents enjeux de l'eau . La politique de l'eau est financée par des redevances affectées basées sur les prélèvements d'eau et les pollutions émises.

Le principe l'eau paye l'eau pose la question du prix de l'eau. Si l'eau n'a pas de prix, car c'est un bien commun, elle a un coût, celui de sa mise à disposition des différents usagers. La couverture des coûts impose la vérité du prix. La prise en compte du grand cycle de l'eau, de la biodiversité, l'impact du changement climatique sont autant d'éléments qui pèsent sur le prix de l'eau et posent de plus en plus la question de l'acceptabilité du prix de l'eau.

Gestion qualitative/ Gestion quantitative

L'eau porte des enjeux sur la santé humaine. Si l'on voit les choses positivement, les politiques d'assainissement ont permis de contenir les pollutions domestiques, l'industrie a réduit ses impacts, l'agriculture s'engage dans la diminution de l'utilisation des intrants. Si l'on veut mettre en avant les points négatifs, on s'interrogera sur la capacité à baisser l'utilisation des pesticides, on posera le sujet des perturbateurs endocriniens et plus généralement on soulignera tous les efforts qui restent à faire compte tenu des nombreux résidus qui subsistent.

Les acteurs de la politique de l'eau portent également les enjeux de la transition écologique et solidaire. Quelques sujets pour illustrer: le souci du bon état des masses d'eau souterraines, la solidarité dans l'accès à l'eau par les transferts d'eau, la volonté d'inscrire l'eau dans les politiques territoriales, la prise en compte du continuum eau douce/ eau salée, la problématique du transport des déchets (plastiques en particulier) vers les océans. En résumé, traiter de l'eau dans des assises débouche naturellement sur le sujet plus global des politiques environnementales et de l'écologie ...

Les débats sur la gestion quantitative amènent immanquablement à l'agriculture et à l'aquaculture. Sans stigmatiser le monde agricole, comment l'amener à des pratiques plus vertueuses ? Comment retrouver des pratiques oubliées qui nous renvoient aux solutions fondées sur la nature? Comment une nouvelle PAC pourrait-elle faire mieux le lien entre pratiques agricoles et pratiques de consommation ? Ces débats amènent aussi à constater les inégales répartitions géographiques de la ressource en eau ; l'inégale capacité des états à gérer la ressource ajoute aux raretés naturelles et géographiques, les différences de débit des fleuves et rivières français constituant un premier exemple.

Gestion qualitative et gestion quantitative emportent donc des enjeux croisés, à commencer par celui de la régulation des usages .Recherche et innovation nous aideront à mieux les intégrer ; le développement de l'utilisation du digital (data) permettra à la science de nous faire franchir de nouveaux paliers de connaissance. Les liens entre politique de l'eau et l'urbanisme sont logiquement de plus en plus mis en avant ; l'exemplarité pouvant se résumer dans la formule: une eau propre, les pieds au sec!

L'impact du dérèglement (réchauffement) climatique.

Nous pouvons considérer l'eau comme victime ou à tout le moins comme marqueur du dérèglement climatique et à cet égard, le sentiment de l'urgence s'accroît. Par ses excès, inondations, pluies diluviennes, fonte des glaciers et remontée du trait de côte) ou par ses manques (sécheresses, canicules répétées, incendies de forêt, diminution du manteau neigeux), l'eau impose de mettre en place - et les régions et/ou les bassins s'y emploient - des politiques d'adaptation au changement climatique. La violence des phénomènes météo constatés, la variabilité dans leur périodicité sont suivis au sein du comité d'anticipation et de suivi hydrologique du Comité national de l'eau, nouvellement institué par décret. Aux déficits hydrologiques constatés s'ajoute la hausse de la température de l'eau avec ses effets sur l'alimentation en eau potable et l'état des milieux aquatiques.

Le colloque de ce jour a permis de croiser les expériences et de bâtir un véritable état des lieux. Il a situé l'eau comme bien public, puissant fédérateur de politiques publiques. Il a permis d'établir le panorama des compétences en matière d'eau et de leur niveau d'exercice (Villes / Régions / Agences); la multiplicité des acteurs nécessite cependant de la coordination et de la transversalité.

Le tour d'horizon de différents exemples nationaux en Europe a montré que les spécificités de l'action publique imposaient partout de trouver des compromis. Politiques communes (PAC) directives (DCE), organisations financières (BEI) ou associatives (RIOB), autant d'outils partagés qui illustrent le potentiel de développement de la gestion intégrée de l'eau et par bassins versants.

L'eau porte enfin une dimension planétaire. Le changement climatique et les menaces qui pèsent sur la ressource génèrent déjà déplacements de populations et tensions géopolitiques. Les eaux transfrontalières sont à la fois sources de solidarité et de conflit. L'eau impose de construire des cohérences au plan international (ODD) et de partager des solutions (1% de la loi Oudin/Santini).

Synthèse

Les politiques publiques de l'eau : territoires résilients et nouvelles solidarités

Hélène PAULIAT
Professeur à l'Université de Limoges, Présidente d'EUROPA

Sur la page d'accueil du site internet des Nations-Unies dédiée à l'eau, voici les chiffres qui apparaissent :

- 2,2 milliards de personnes n'ont pas accès à des services d'eau potable gérés de manière sûre
- 4,2 milliards de personnes manquent de services d'assainissement gérés de manière sûre
- 297 000 enfants de moins de cinq ans meurent chaque année de maladies diarrhéiques
- Le stress hydrique affecte 2 milliards de personnes et ce chiffre risque d'augmenter.
- Les inondations, les sécheresses et les tempêtes ont été à l'origine de près de 90% des catastrophes naturelles.
- Environ 80 % des eaux usées dans le monde sont rejetées dans l'environnement sans traitement.
- L'agriculture représente près de 70 % des prélèvements d'eau.
- Environ 75 % de l'ensemble des prélèvements d'eau à usage industriel sont destinés à la production énergétique.

L'Assemblée générale des Nations-Unies a adopté, le 28 juillet 2010, une résolution intitulée « Le droit de l'homme à l'eau et à l'assainissement », dans un contexte changement climatique de plus en plus menaçant qui pose la question de l'avenir même de la planète…

Quelles politiques publiques de l'eau pour demain, dans le contexte que nous connaissons désormais de bouleversement climatique, d'urbanisation forcée, mais aussi et surtout de pollutions de toutes natures, d'emplois fréquents de pesticides, parfois suspendus, parfois autorisés à nouveau, comme nous avons pu le constater en France avec les néonicotinoïdes pour sauver les cultures de betteraves… La journée a montré que l'eau est une ressource qui est au cœur de nombre de politiques publiques, mais au-delà des éléments techniques qui conduisent à surveiller la qualité de l'eau, sa correcte distribution, etc…il est indispensable de la considérer comme une ressource, dont le caractère précieux s'affirme chaque jour, au plan national comme au plan international. L'eau n'est pas un bien comme les autres, ce n'est pas une marchandise comme les autres ; elle fait partie de notre patrimoine commun, qu'il faut préserver pour les générations futures.

Il a beaucoup été question de territoire ; il a été rappelé à plusieurs reprises que le territoire doit devenir résilient vis-à-vis de l'eau, c'est-à-dire un territoire qui anticipe les conflits d'usage, qui sait trouver des solutions innovantes ; et une vraie réflexion doit être engagée sur l'attractivité du territoire, car l'appréhension de cette notion par le prisme de l'eau change considérablement la donne. L'on a coutume d'observer en effet qu'un territoire est attractif car il offre de l'emploi, des bâtiments pour vivre, un dynamisme économique ou industriel, tous éléments qui consomment beaucoup de ressources fossiles et de l'eau. Mais à l'avenir, le territoire attractif ne sera-t-il pas celui qui sait le mieux gérer l'eau, offrir des perspectives différentes en replaçant cette ressource au cœur des politiques publiques territoriales, en préservant les écosystèmes ? La révolution écologique et économique est probablement en marche dans ce domaine et il ne faudra pas rater le virage historique qui se profile déjà… La question centrale devient bien celle de la disponibilité de l'eau : l'eau est un bien particulier, une ressource qu'il faut préserver pour assurer les besoins quotidiens de l'homme, et c'est la raison pour laquelle, en droit français par exemple, nul ne peut subir une coupure d'alimentation en eau, même s'il ne peut payer ses factures, alors qu'il peut subir des coupures d'énergie en dehors des périodes hivernales ; les textes consacrent ainsi un véritable droit à l'eau, nouveau droit social en lien direct avec le principe de dignité de la personne humaine. L'accès à l'eau est une condition préalable à l'exercice de tous les droits fondamentaux (15 pays ont inscrit le droit à l'eau dans leur Constitution). C'est aussi un bien que les pouvoirs publics ont traité de manière spécifique par des expérimentations en matière de tarification sociale (chèque eau par exemple, pour aider les foyers les plus vulnérables). Mais l'eau est aussi un bien symbolique, l'histoire, rappelée aujourd'hui, l'a montré ; l'eau, c'est la vie, la pureté, ce qui permet aux cultures de se développer…

Et ce n'est pas un hasard si le colloque EUROPA sur ce thème de l'eau se tient à Limoges, la communauté urbaine Limoges Métropole ayant lancé le grand projet de territoire en transition hydrique, ce qui implique des évolutions majeures sur le cycle de l'eau… Ces réflexions amènent à un constat : la transition ne se discute pas vraiment ; désormais la question n'est pas est-ce que l'on doit penser à la transition, mais quand doit-on la faire et comment ? Les interventions ont été nombreuses et ont mis en évidence des exemples très édifiants, des pratiques originales… La journée a ainsi permis de montrer que la cohérence des politiques publiques de l'eau est recherchée (I) et que la qualité des ressources en eau est nécessaire (II).

I-La cohérence recherchée des politiques publiques de l'eau

Cette cohérence est indispensable pour que les politiques publiques de l'eau puissent faire sens, et ce quel que soit le pays européen concerné. Une telle cohérence peut être obtenue malgré la diversité des modes de gestion des services d'eau (A), grâce à une nécessaire globalisation des compétences (B).

A-Une diversité des modes de gestion des services d'eau

La directive 2000/60/CE du Parlement européen et du Conseil du 23 octobre 2000 établit un cadre pour une politique communautaire dans le domaine de l'eau, indique qu'il est nécessaire d'établir une politique communautaire intégrée dans le domaine de l'eau (point 9). Ce texte fixe un certain nombre de principes dans le domaine de la gestion de l'eau par chaque Etat membre, dans la perspective de la réalisation d'objectifs européens communs. Il souligne que l'approvisionnement en eau constitue un service d'intérêt général et insiste sur la logique qui doit animer la gestion des services d'eau : « L'utilisation d'instruments économiques par les États membres peut s'avérer appropriée dans le cadre d'un programme de mesures. Il convient que le principe de la récupération des coûts des services liés à l'utilisation de l'eau, y compris les coûts pour l'environnement et les ressources associés aux dégradations ou aux incidences négatives sur le milieu aquatique soit pris en compte conformément, en particulier, au principe du pollueur-payeur. Il sera nécessaire à cet effet de procéder à une analyse économique des services de gestion des eaux, fondée sur des prévisions à long terme en matière d'offre et de demande d'eau dans le district hydrographique » (point 38). Une définition est même donnée des services liés à l'utilisation de l'eau : « tous les services qui couvrent, pour les ménages, les institutions publiques ou une activité économique quelconque: a) le captage, l'endiguement, le stockage, le traitement et la distribution d'eau de surface ou d'eau souterraine; b) les installations de collecte et de traitement des eaux usées qui effectuent ensuite des rejets dans les eaux de surface ». Le droit européen retient donc une définition large de ces services, justifiant une réflexion approfondie quant au mode de gestion à retenir pour assurer une gestion cohérente de ce service.

Les pays européens offrent en la matière une grande diversité, le choix des modes de gestion relevant de chacun au titre du principe de subsidiarité. La gestion publique est utilisée, mais certains recourent à la gestion déléguée ou encore à une gestion privée. L'on rencontre des hypothèses diverses, certains Etats faisant le choix de recourir, pour certains aspects de la gestion, à une structure publique, pour d'autres à une gestion privée ; la gestion privée directe ne se rencontre qu'en République tchèque et en Grande-Bretagne. Les autres Etats

effectuent des choix mixtes. Et l'on a pu montrer que l'efficacité de la gestion du service dépend de la qualité de la coopération entre les différentes entités. Peu importe le mode de gestion retenu, y compris mixte, pourvu que tous les intervenants se coordonnent. L'essentiel est que la responsabilité de chacun soit clairement définie et facile à identifier. Le partenariat public/privé est assez répandu, alliant ainsi la compétence technique du privé, avec une régulation communale ou locale plus largement. Le modèle retenu influe pourtant sur la qualité du service.
Cette diversité des modes de gestion des services d'eau ne paraît donc pas préjudiciable à la qualité du service ; mais les politiques publiques de l'eau nécessitent une globalisation des compétences des différents intervenants.

B-Une globalisation des compétences

De nombreux acteurs interviennent dans la définition et la mise en œuvre des politiques publiques de l'eau, à tous les niveaux (1). On a noté cependant, sur cet enjeu, une indéniable revitalisation démocratique (2).

1-Une intervention des différents acteurs à tous les niveaux.

Il serait inutile de les énumérer mais ces acteurs ont été évoqués tout au long de la journée : l'Etat, la région, le département, les établissements publics de coopération, les communes… chacun dispose de compétences propres et spécifiques, tant en termes de programmation et de définition d'une stratégie (Etat), que d'élaboration de schémas et de planification (Région), d'aides aux communes (Département), de prise en charge de l'approvisionnement ou de l'assainissement (EPCI et communes). Les acteurs privés interviennent aussi… Chaque niveau dispose de compétences, en principe fixées par les textes. L'efficacité des politiques publiques de l'eau dépendra donc de la coopération entre les différents acteurs, publics bien sûr, mais aussi entre acteurs publics et privés. Cette coopération doit reposer sur un projet collectif, qui, on l'a souligné à maintes reprises, dépasse largement les frontières administratives ; la cartographie administrative doit laisser place au dialogue entre les acteurs. Dans la construction d'un tel projet, il a été remarqué que l'ingénierie publique de l'Etat a nettement décru, tandis que l'ingénierie publique des collectivités territoriales s'est notablement renforcée. Le projet s'élabore entre acteurs, grâce à un regroupement qui permet une masse critique en assurant une mise en œuvre efficace.

Mais si le dialogue entre acteurs est essentiel, c'est qu'il apparaît comme la condition de la réussite des politiques publiques de l'eau, grâce à une revitalisation démocratique.

2-Une indéniable revitalisation démocratique

Des exemples intéressants ont été notés. Ainsi en France, l'Agence de l'eau est apparue comme réalisant une sorte de décentralisation avant l'heure, avec une gouvernance multi-partenariale, un rapprochement de différents acteurs, et un dialogue local intense. Mais l'exemple le plus significatif est peut-être celui de l'Agence régionale de l'eau aux Pays-Bas, qui constitue une sorte de mélange entre notre Agence de l'eau française et une structure de type intercommunal. La réalisation de tous les projets (politique de l'eau, gestion des infrastructures, les digues…) lui est déléguée. Il existe donc une dimension technique et une dimension territoriale et démocratique, sans doute liée à une histoire néerlandaise particulière : la volonté de trouver des solutions communes pour se protéger de l'eau.

Ce dernier exemple est particulièrement important parce qu'il ouvre la réflexion sur un projet global, cohérent et collectif. Il est clair que la question de l'eau doit être intégrée dans toutes les politiques publiques, et la directive européenne précitée incitait à cette démarche : « Il est nécessaire d'intégrer davantage la protection et la gestion écologiquement viable des eaux dans les autres politiques communautaires, telles que celle de l'énergie, celle des transports, la politique agricole, celle de la pêche, la politique régionale, et celle du tourisme. Il convient que la présente directive fournisse la base d'un dialogue permanent et permette l'élaboration de stratégies visant cet objectif d'intégration ». Il est donc absolument nécessaire aujourd'hui, au regard de la raréfaction des ressources en eau, mais aussi des risques climatiques, des risques liés à la pollution, de mettre fin aux politiques publiques sectorielles et cloisonnées. L'eau doit ainsi être intégrée à toutes les réflexions liées à l'occupation des sols. L'eau est en effet une thématique totalement transverse ; il est illusoire de vouloir construire une cohérence territoriale sans une réflexion en matière d'urbanisme et d'aménagement du territoire qui intègre l'eau. Les pouvoirs publics locaux ont déjà commencé à entamer la démarche de réorganisation des politiques publiques, en s'interrogeant sur d'éventuelles concurrences entre politiques publiques : comment développer économiquement un territoire tout en respectant l'écologie ? Comment développer l'urbanisation tout en protégeant les ressources naturelles et en améliorant l'utilisation de l'eau ? Cette cohérence est encore à construire au niveau national, mais c'est un objectif européen. Il ne doit pas y avoir concurrence entre objectifs des différentes politiques publiques, mais une complémentarité, qu'il faut construire en associant les citoyens à ce projet collectif d'ensemble.

Si l'accès aux ressources en eau est essentiel et doit être pensé au sein des différentes politiques publiques, il est également nécessaire de réfléchir à la qualité de ces ressources.

II-La qualité nécessaire des ressources en eau

L'objectif est de garantir la qualité des ressources en eau tout en préservant ce bien commun. C'est la raison pour laquelle une réflexion est indispensable sur les usages de l'eau (A) ; mais l'on remarque également que l'innovation quant aux outils juridiques et politiques pour garantir la qualité de l'eau est indispensable (B).

A-Une réflexion indispensable sur les usages

Comme l'ont souligné plusieurs intervenants, il n'existe pas véritablement aujourd'hui de gestion de l'eau mais une gestion des usages de l'eau. Il est nécessaire d'éviter des conflits d'usage, et éventuellement d'admettre une priorisation des usages de l'eau. Progressivement s'affirme une prise de conscience de la responsabilité des citoyens dans les usages de l'eau (1), mais les acteurs économiques se rendent compte également qu'ils doivent modifier leurs habitudes (2).

1-Une prise de conscience de la responsabilité des citoyens

Les citoyens commencent à modifier leurs pratiques en matière de consommation et d'usage de l'eau, même si des progrès restent à accomplir. Ils prennent progressivement conscience de la rareté de l'eau, de la nécessité de réfléchir au gaspillage... mais sont-ils prêts pour autant à accepter une augmentation des tarifs, permettant d'assurer un cycle vertueux de l'eau ? Cela reste encore à démontrer. La plupart des pays européens ont souligné la montée en puissance des campagnes de sensibilisation des citoyens à la richesse que constitue l'eau, à sa nécessaire préservation, aux enjeux qu'elle représente. Ils sont surtout sensibilisés à l'évolution de l'attractivité des territoires qu'elle engendre. Un territoire sera d'autant plus attractif qu'il pourra mettre en avant un certain nombre d'actions destinées à préserver l'eau, à assurer sa qualité, à identifier les usages prioritaires, à repenser l'urbanisation, les espaces.... La démarche de sensibilisation passe par une identification précise des usages (ville, hôpital, entreprises...) : qui a besoin de l'eau, de quelle manière, en quelle quantité ? L'objectif est aussi de se servir des données numériques pour mieux apprécier les usages de l'eau et réduire les consommations de manière adaptée. Il est aussi nécessaire de gérer ces éléments de manière dédiée en procédant à une sorte de tri sélectif dans le domaine de l'eau également : les traitements de l'eau ne sont pas identiques selon les usages qui en sont faits ; chaque élément doit recevoir le traitement approprié pour éviter tout gaspillage, et l'objectif est de s'engager dans l'optimisation des traitements de l'eau. Cette démarche est évidemment plus aisée lorsque le territoire s'est engagé dans une approche globale de la politique publique de l'eau, en lien avec les autres politiques publiques.

2-Une prise de conscience des acteurs économiques

Les citoyens ne sont évidemment pas les seuls à être sensibilisés aux enjeux que représente l'eau. Les acteurs économiques, les professionnels, les entreprises sont incités à engager une réflexion sur les usages de l'eau et leur nécessaire priorisation. Ainsi les agriculteurs, souvent montrés du doigt pour le gaspillage de l'eau que leurs pratiques entraineraient, sont invités à conclure des contrats de filière, qui leur permettent d'être accompagnés dans leur changement de pratiques. Les entreprises, les collectivités publiques sont ainsi accompagnées dans ces démarches innovantes et résilientes, en lien avec les acteurs des territoires et en s'appuyant sur les agences de l'eau. Les pays européens se sont engagés dans une réflexion sur un ensemble d'objectifs à respecter pour assurer la préservation de l'eau, et assurer la régulation des usages de cette ressource. Mais certains intervenants ont insisté sur le fait que la régulation économique ne devait pas seulement porter sur les tarifs mais aussi sur les coûts, cette régulation pouvant être assurée par l'Etat ou par les instances européennes.

Pour le contrôle de ces objectifs et des engagements pris par les professionnels et les citoyens, une police de l'eau est indispensable, mais il faut la penser avec une organisation particulière et des moyens spécifiques. Elle ne doit pas être conçue comme un outil classique permettant de faire respecter l'ordre public de l'eau, elle doit également intervenir dans la prévention du gaspillage et surtout dans le domaine de la régulation. Mais c'est déjà réfléchir aux nouveaux outils politiques et juridiques.

B-Une utilisation spécifique des outils politiques et juridiques

Dans des domaines où l'évolution est constante, l'expérimentation mérite d'être largement utilisée (1) ; mais la contractualisation semble être une voie de droit pratiquée dans plusieurs pays européens (2).

1-L'utilisation de l'expérimentation

Le constat a été fait à plusieurs reprises au cours de ce colloque : la règlementation est trop complexe, trop invasive, trop détaillée sans nécessairement conduire au respect des objectifs souhaités, on a parlé de sur-règlementation, avec des effets pervers. Le droit européen lui-même ne facilite pas l'émergence de projets nouveaux et de projets communs pour créer une politique globale de l'eau tant les normes sont nombreuses et difficiles à interpréter et à appliquer. Alors qu'il conviendrait de se montrer réactif et innovant, l'enchevêtrement des règlementations et leur excès freinent les initiatives des citoyens et des professionnels et contribuent même parfois à diviser les territoires. L'expérimentation peut permettre de libérer ces énergies et de faciliter les innovations. Elle doit porter à la fois sur les dérogations aux normes existantes et sur la dévolution de nouvelles compétences aux collectivités ou établissements de coopération ; elle devrait également porter sur l'émergence de nouveaux métiers dans le domaine de l'eau, sur de nouveaux services. Parce qu'elle est porteuse de pragmatisme, l'expérimentation peut inciter à l'innovation, à l'élaboration de projets utiles et collectifs, adaptés à la spécificité de chaque territoire, autour des acteurs engagés. Une telle réflexion renforce les solidarités territoriales mais conduit aussi à travailler avec les acteurs géographiques proches, développant ainsi des coopérations transfrontalières, impulsant un début de solidarité internationale.

2-Le développement de la contractualisation

La contractualisation semble particulièrement adaptée à la politique de l'eau ; elle incite mais ne contraint pas. Des dispositifs émergent, destinés à encourager l'évolution des usages, on l'a déjà souligné avec les contrats de filière pour les agriculteurs par exemple ; Mais la plupart des pays européens se sont engagés dans des planifications en matière d'eau, associant les différents acteurs autour d'objectifs et donc de réalisations communs ; les schémas permettent d'assurer un état des lieux, de poser des jalons pour définir le point d'arrivée et les résultats souhaités, là encore en associant les acteurs dans une réflexion collective. Mais l'on a insisté sur le fait que de nouveaux outils sont à inventer pour assurer une flexibilité dans la construction de cette politique publique globale de l'eau. Des labels sont aussi mis en place pour valoriser les bonnes pratiques, toujours dans la perspective de la mise en place de territoires résilients. L'allocation des moyens doit être en lien avec ces engagements, pour préserver la quantité et la qualité de la ressource. La police de l'eau est alors à revoir ; elle ne doit pas, encore une fois, être vue comme seulement liée au maintien de l'ordre public de l'eau, au respect de la sécurité de l'eau et de la sécurité écologique. Elle doit aussi contribuer, un peu à l'image des évolutions que l'on connaît en matière de police administrative générale, à un « bien vivre ensemble de l'eau », préservant l'avenir. Elle doit être revue autour des enjeux collectifs, au plan territorial, national et international. Les enjeux des politiques publiques de l'eau ne sont pas limités au territoire national, puisque l'on sait que de nombreux pays s'interrogent sur leur accès à l'eau, bien loin des préoccupations de qualité et de régulation des usages. Mais il est sans doute prématuré d'envisager la création d'une police internationale de l'eau…

Penser aux politiques publiques de l'eau, c'est penser à l'avenir, aux générations futures ; c'est penser autrement l'industrialisation, l'urbanisation, l'agriculture mais aussi l'éducation, la vie en commun. Construire un territoire résilient, ensemble, et partager les bonnes pratiques avec les autres pays, c'est aussi cela faire de la politique !

Conclusion

Michel Senimon

Merci à Eric Tardieu pour nous avoir accueillis tout au long de la journée au sein de l'Office International de l'Eau, mais je crois que notre coopération est à son début : nous avons eu l'occasion, malgré l'absence en présentiel de nos éditeurs, d'échanger et entre les projets territoriaux prometteurs du territoire et tout ce qui a nourri cette journée, je pense que nous aurons l'occasion de nous rencontrer à nouveau.

Merci à Jean-Emmanuel Gilbert, à *Aquassay*, car c'est notre rencontre il y a un an qui a fait qu'on est passé du colloque sur l'agriculture, auquel nous nous sommes rencontrés à un colloque sur l'eau.

Merci à tous nos collègues d'Europa qui, de leurs pays d'origine, avec les difficultés techniques et les barrières de la langue parfois, ont fait l'effort d'être parmi nous, toujours présents. Merci à tous les rapporteurs qui ont tenu le *timing*, ont fait des contributions et des diaporamas de qualité.

Je remercie toutes et tous : nous avons eu un taux de fréquentation important et régulier sur toute la journée, la technique me dit que ce n'est pas mal du tout pour une première version du colloque en numérique. Merci de nous avoir rejoints sur notre chaîne Youtube et à l'année prochaine !

Table des matières

Structures éditoriales du groupe L'Harmattan

L'Harmattan Italie
Via degli Artisti, 15
10124 Torino
harmattan.italia@gmail.com

L'Harmattan Hongrie
Kossuth l. u. 14-16.
1053 Budapest
harmattan@harmattan.hu

L'Harmattan Sénégal
10 VDN en face Mermoz
BP 45034 Dakar-Fann
senharmattan@gmail.com

L'Harmattan Cameroun
TSINGA/FECAFOOT
BP 11486 Yaoundé
inkoukam@gmail.com

L'Harmattan Burkina Faso
Achille Somé – tengnule@hotmail.fr

L'Harmattan Guinée
Almamya, rue KA 028 OKB Agency
BP 3470 Conakry
harmattanguinee@yahoo.fr

L'Harmattan RDC
185, avenue Nyangwe
Commune de Lingwala – Kinshasa
matangilamusadila@yahoo.fr

L'Harmattan Congo
67, boulevard Denis-Sassou-N'Guesso
BP 2874 Brazzaville
harmattan.congo@yahoo.fr

L'Harmattan Mali
ACI 2000 - Immeuble Mgr Jean Marie Cisse
Bureau 10
BP 145 Bamako-Mali
mali@harmattan.fr

L'Harmattan Togo
Djidjole – Lomé
Maison Amela
face EPP BATOME
ddamela@aol.com

L'Harmattan Côte d'Ivoire
Résidence Karl – Cité des Arts
Abidjan-Cocody
03 BP 1588 Abidjan
espace_harmattan.ci@hotmail.fr

Nos librairies en France

Librairie internationale
16, rue des Écoles
75005 Paris
librairie.internationale@harmattan.fr
01 40 46 79 11
www.librairieharmattan.com

Librairie des savoirs
21, rue des Écoles
75005 Paris
librairie.sh@harmattan.fr
01 46 34 13 71
www.librairieharmattansh.com

Librairie Le Lucernaire
53, rue Notre-Dame-des-Champs
75006 Paris
librairie@lucernaire.fr
01 42 22 67 13

www.ingramcontent.com/pod-product-compliance
Lightning Source LLC
LaVergne TN
LVHW010925061026
849535LV00007B/2237
* 9 7 8 2 1 4 0 2 8 3 9 3 2 *